미니어처 한복 만들기

솔솔 우리옷

수애당이 만드는
작고 아름다운 우리한복

솔솔 우리옷

발행일	2015년 11월 5일
지은이	한미연
사진	김경희
작품참조	이미경
펴낸이	손형국
펴낸곳	(주)북랩
편집인	선일영
편집	서대종, 이소현, 김아름, 권유선, 김성신
디자인	이현수, 신혜림, 윤미리내, 임혜수
제작	박기성, 황동현, 구성우
마케팅	김회란, 박진관
출판등록	2004. 12. 1(제2012-000051호)
주소	서울시 금천구 가산디지털 1로 168, 우림라이온스밸리 B동 B113, 114호
홈페이지	www.book.co.kr
전화번호	(02)2026-5777
팩스	(02)2026-5747
ISBN	979-11-5585-797-7 03630 (종이책)
	979-11-5585-798-4 05630 (전자책)

잘못된 책은 구입처에서 교환해드립니다.

이 책의 판권은 지은이와 (주)북랩에 있습니다.
내용의 일부와 전부를 무단 전재하거나 복제를 금합니다.

이 도서의 국립중앙도서관 출판예정도서목록(CIP)은
서지정보유통지원시스템 홈페이지(http://seoji.nl.go.kr)와
국가자료공동목록시스템(http://www.nl.go.kr/kolisnet)에서
이용하실 수 있습니다.(CIP제어번호 : CIP2015029592)

성공한 사람들은 예외없이 기개가 남다르다고 합니다.
어려움에도 꺾이지 않았던 당신의 의기를 책에 담아보지 않으시렵니까?
책으로 펴내고 싶은 원고를 메일(book@book.co.kr)로 보내주세요.
성공출판의 파트너 북랩이 함께하겠습니다.

미니어처 한복 만들기

솔솔 우리옷

수애당이 만드는
작고 아름다운 우리한복

한미연 지음

북랩 book Lab

| 프롤로그 |

우리는 왜 미니어처 한복을 만들까?
Small is beautiful!

'솔'은 '작다'라는 순우리말입니다.

우리의 고유의 옷 한복.
그 선의 유려함과
고운 색의 아름다움에 매료되어
옷을 짓습니다.

우리 옷의 멋을 다 표현하고 싶지만
다 입어 볼 수도
다 가질 수도 없기에….

그래서 우리는 작은
손안의 한복을 짓습니다.

contents

프롤로그 / 005

한복의 기초 용어 / 008

바느질 도구 / 010

기초 바느질법 / 012

부분 바느질 / 014

    깃 만들기 · 014

    깃 달기 · 015

    동정 달기 · 016

    고름 달기 · 017

솔솔 우리옷

색동저고리 · 018
삼회장저고리 · 026
조끼허리 치마 · 034
무 없는 속바지 · 042
당의 · 048
남자 저고리 · 058
사폭 바지 · 066
배자 · 074
전복 · 082
까치두루마기 · 088
원삼 · 096
단령 · 108
조바위 · 120
복건 · 125
버선, 댕기 · 129

크래프트 카페 라온 소개 / 135
솔솔 우리 옷 패턴 / 139

한복의 기초 용어

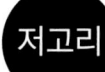 저고리

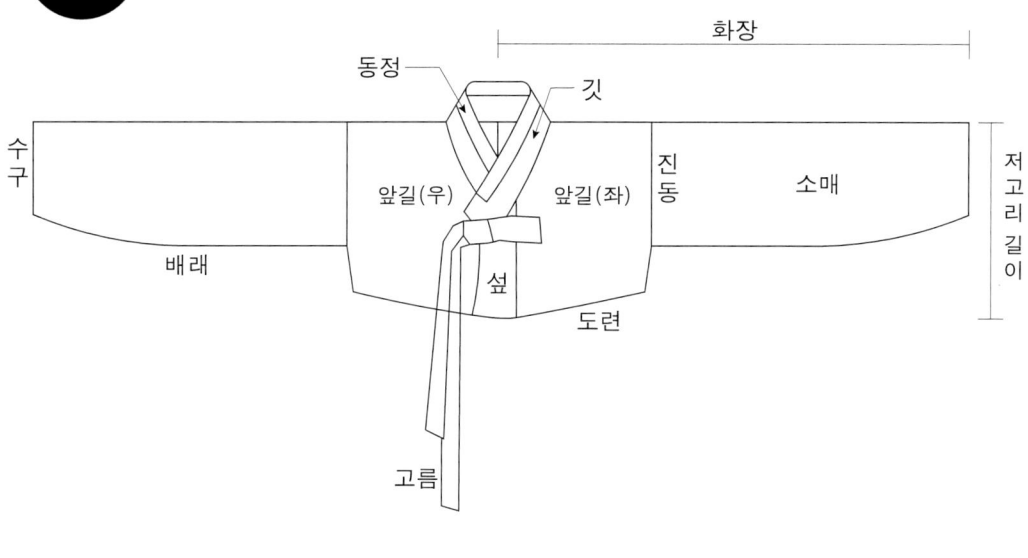

치마

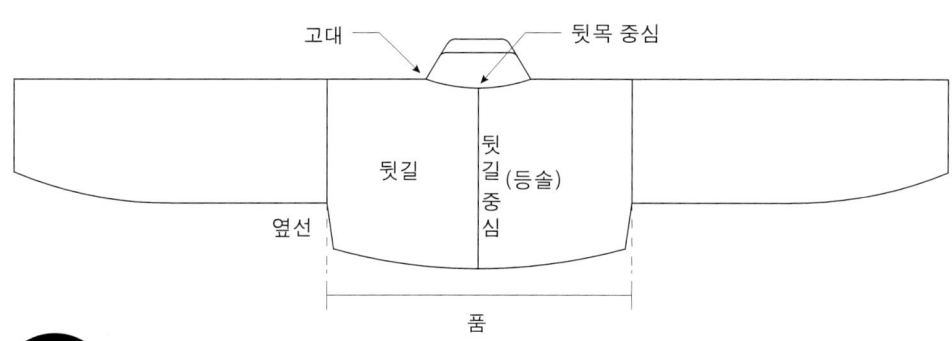

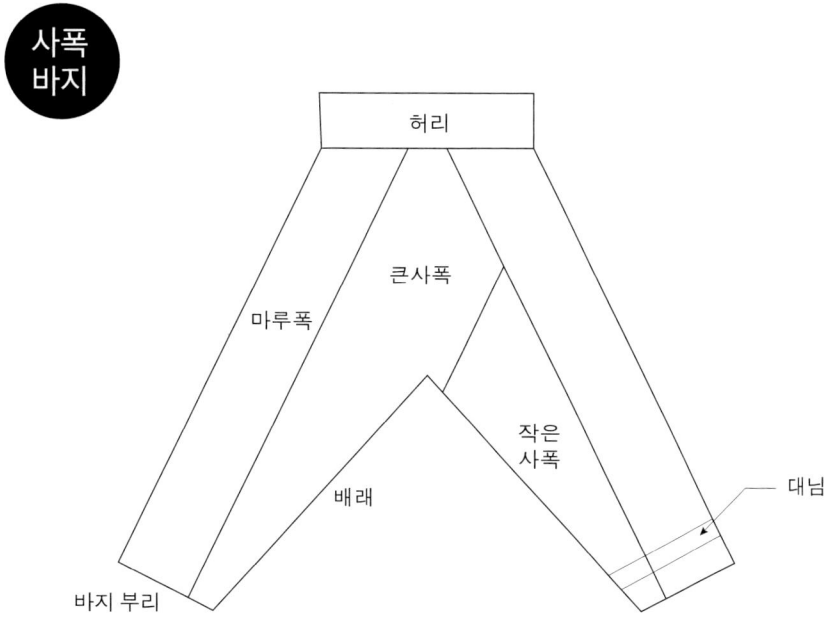
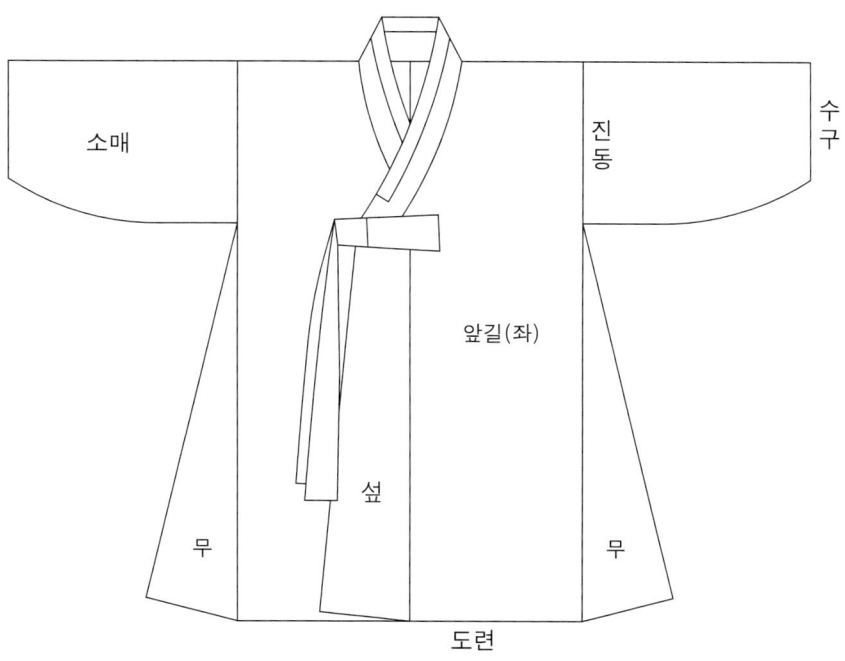

바느질 도구

마름질 본을 이용하여 옷감에 완성선을 그리고, 시접분을 표시하고 시접선을 잘라 준다.

1. **다리미**
   옷감을 적정 온도로 스팀을 이용하여 반듯하게 다려 준다.
   과정마다 다림질을 하고 바느질을 해야 옷매무새가 예쁘다.

2. **다리미판**
   미니어처용 작은 다리미판을 이용하면 편리하다.

3. **시침핀**
   옷본을 고정하거나 2겹의 옷감을 고정할 때 사용한다.

4. **초크와 샤프펜슬**
   옷감에 옷본을 대고 그려 준다.(흰색, 분홍색, 파란색, 노란색)

5. **지워지는 볼펜**
   연한색 옷감에 사용한다. 완성선을 그리는 용도로,
   다림질하면 지워지기 때문에 주의한다.

6. **헤라(뼈인두)**
   완성선을 눌러서 표시한다.

7. **가위**
   옷본을 자르는 가위와 옷감을 자르는 가위를 구분하여 사용한다.

8. **고무판**
   옷본 대신 치수로 마름질할 때 편리하다. 식서의 기준을 잡는다.

9. **시접자**
   모눈으로 표시된 시접자를 이용하여 시접분을 표시하면 편리하다.
   15cm, 30cm가 적당하다.

10. **칼**
    직선의 원단을 자를 때 가위 대신 사용한다.

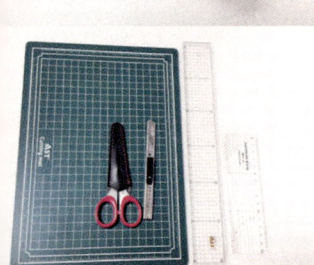

바느질

미니어처 한복은 손바느질을 기본으로 한다.

1. 바늘
   8호 바늘을 사용한다.

2. 실
   견사로, 옷감의 색상과 같은 색으로 종류별로 다양하게 사용한다.

3. 실망
   실이 풀어지지 않도록 고정해 주는 역할을 한다.

4. 가위
   원단 자르는 가위와 실을 자르는 가위를 구분하여 사용한다.

5. 실 끼우개
   바늘에 실을 끼우는 것으로 사용이 편리하다.

6. 실뜯개
   바느질이 잘못되었을 때 옷감의 손상 없이 실을 뜯어낼 수 있다.

7. 골무
   손가락을 바늘로부터 보호하기 위해 중지 및 검지용을 사용한다.

8. 바늘방석
   바늘, 시침핀 등을 꽂아 놓고 사용한다.

9. 풀
   임시 고정용으로 옷감의 올풀림을 막거나 동정을 만들 때 사용한다.

10. 도구 정리대
    여러 개의 실패 꽂이, 가위, 초크, 샤프펜슬 등을 꽂아 놓는 통, 시침핀 통 및 바늘방석 등이 합쳐진 정리 도구.
    작업 공간을 정리하며 바느질할 수 있다.

기초 바느질법

길과 소매, 섶, 무 등을 이을 때는 홈질이나 박음질. 색동을 잇거나 깃을 달 때는 시침 감침질, 뒤집어서 마무리할 때는 홈질이나 공그르기로 한다.

홈질

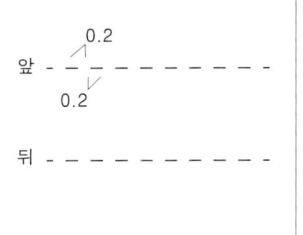

미니어처 한복 바느질에서 가장 많이 사용한다.
바늘땀의 겉과 안이 같은 모양이 되는 바느질법으로
박음질을 대신하여 두 옷감을 이을 때 쓰인다.
당길 때 오그라들지 않도록 유의한다.
깃 둥근 부분의 모양을 만들 때도 사용된다.

박음질

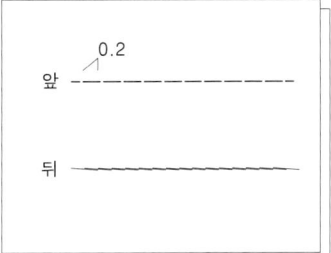

뒤집는 창구멍의 시작과 끝이나
4겹 박기를 할 때는 박음질을 이용하여
튼튼하게 박아 준다.

세땀상침

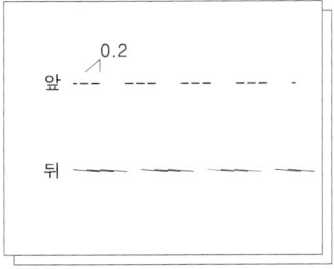

장식 바느질로, 미니어처에서는
단령의 무를 뒷길에 고정할 때 쓰인다.

시침 감침질

감침질을 0.8~1cm 간격으로 하는 것으로
색동을 잇거나 섶, 무, 소매 등을 이을 때 예쁘고
정확하게 바느질할 수 있도록 고정해 주는 역할을 한다.
뒤집어서 홈질이나 박음질로 마무리해 주고 뜯어낸다.

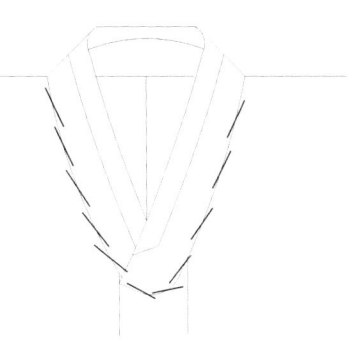

감침질

시접을 접어 마주 대고 이을 때 사용하는 방법으로
깃의 안쪽이나 단을 정리할 때 사용한다.

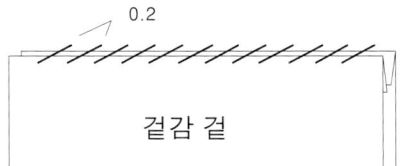

공그르기

숨은 바느질법으로 겉감과 안감 양쪽에서
땀이 보이지 않도록 바느질한다.
깃을 겉감 쪽에 달 때나, 고름을 만들 때,
단을 정리할 때, 창구멍을 막을 때 사용한다.

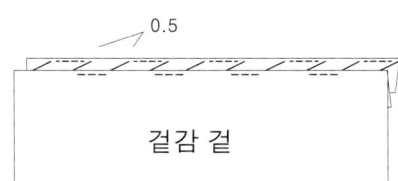

한 올 뜨기

홑겹에 단을 접어 박아 줄 때나,
원삼에서 길에 단을 달아 줄 때,
겉감에서 바느질한 선이 보이지 않도록
바느질하는 것으로 옷감에서 실을 뽑아 사용한다.

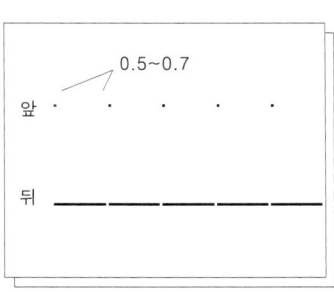

부분 바느질

1. 둥근 깃

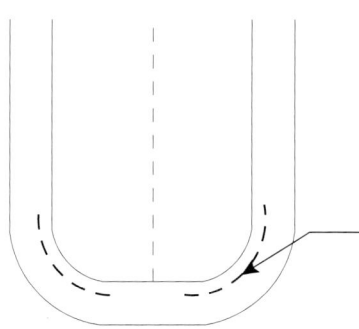

완성선에서 0.1cm 바깥으로 홈질하여 당기고 둥근 모양으로 시접을 정리하여 다려 준다.

겉감 (겉)

2. 당코 깃

완성선에서 0.1cm 바깥으로 홈질하여 당기고 둥근 모양으로 시접을 정리하여 다려 준다.

겉감 (안)

겉감 겉과 안감 겉을 마주 대고 홈질로 연결한다.
뒤집어서 코를 빼 주고 시접을 안으로 접어 넣어 다림질한다.

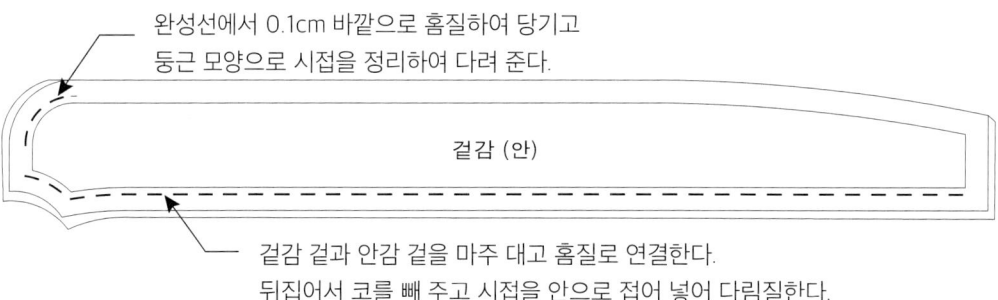

핀을 이용하여 코를 예쁘게 빼 준다.

겉감 (겉)

3. 목판 깃

깃머리를 홈질 및 박음질한 후 뒤집어서 시접을 접어 넣어 모양을 정리해 준다.

겉감 (겉)

 **깃 달기**

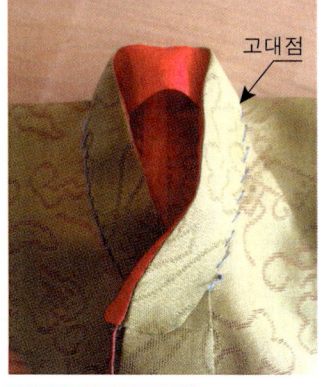
고대점

깃의 위치를 잡아 '겉섶 - 앞길(좌) - 왼쪽 고대 - 뒷목 중심 - 오른쪽 고대 - 앞길(우) - 안섶'까지 순서대로 시침핀으로 고정한다.

실시침으로 정확한 위치를 잡아 준 다음, 뒤집어서 홈질이나 공그르기하여 깃을 달아 준다.

뒷목 중심선에서 0.2~0.3mm 가량 내려오고 완만한 둥근 모양으로 잡아 준다.

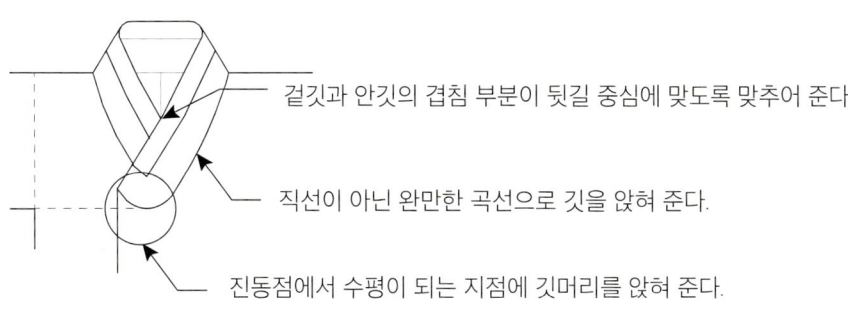
겉깃과 안깃의 겹침 부분이 뒷길 중심에 맞도록 맞추어 준다.

직선이 아닌 완만한 곡선으로 깃을 앉혀 준다.

진동점에서 수평이 되는 지점에 깃머리를 앉혀 준다.

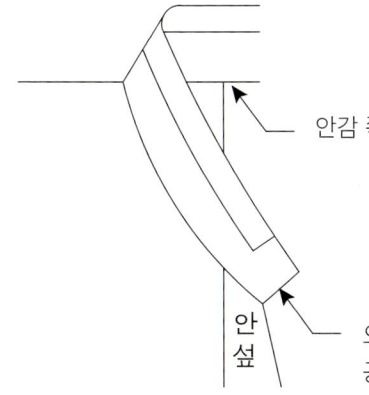
안감 쪽으로 깃을 접어 감침질이나 공그르기로 정리하여 준다.

안섶

오른쪽 안섶 끝에 맞추어 접어 올려 주고 시접을 정리하여 공그르기로 깃 끝을 만들어 준다.

1. 동정 만들기

헤라로 0.5cm(동정 두께) 마다 시접선을 그어 준다.

두 번째 선에 맞추어 접착 심지를 접착면이 위로 가도록 놓는다.

1번 시접을 접어 다리미의 약한 온도로 눌러 심지를 붙여 준다.

한쪽 끝의 시접을 접어서 정리해 주고 나머지 한쪽은 깃의 길이에 따라 동정을 달 때 조절해서 적당한 길이로 잘라내고 시접을 접어 마무리한다.

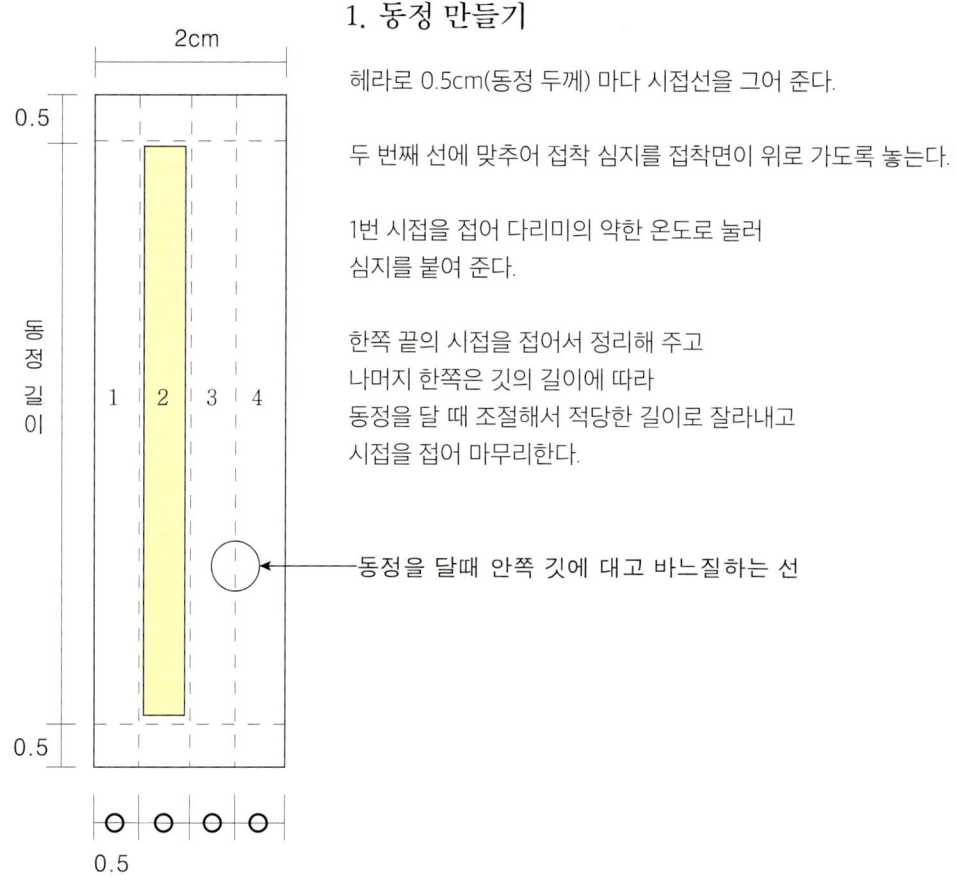

동정을 달때 안쪽 깃에 대고 바느질하는 선

2. 동정 달기

안감 쪽에 동정을 깃너비 만큼 떨어진 위치에 대고 홈질로 고정한 다음, 겉감 쪽으로 넘겨 공그르기로 마무리한다.

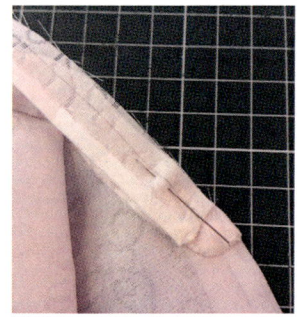  

고름 달기

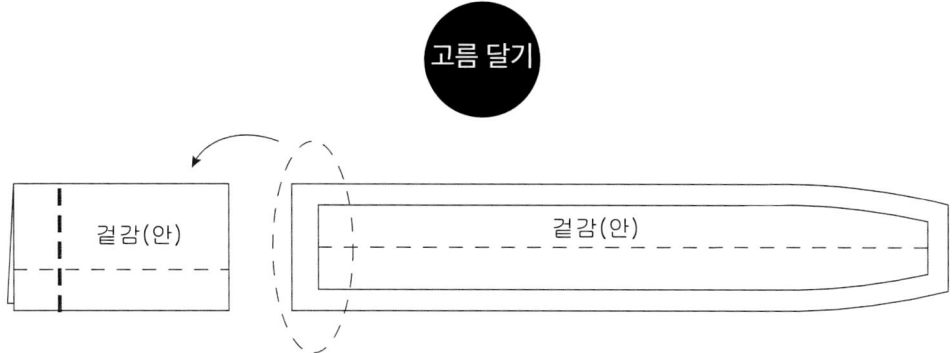

겉감 안쪽에 완성선을 그려 주고
고름의 양끝 부분은 겉과 겉을 마주 댄 후, 박아서 뒤집어 주고
시접을 안으로 접어 넣어 공그르기로 고름 모양을 잡아 준다.

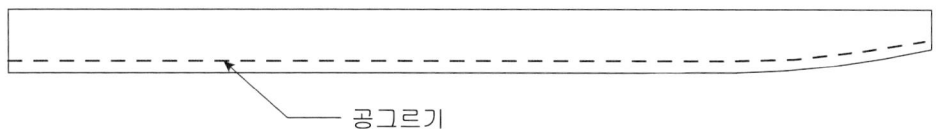

공그르기

왼쪽 길에 긴 고름을, 오른쪽 길에 짧은 고름을 달아 준다.
고름의 솔기는 위로 가도록 한다.

짧은 고름은 오른쪽 고대점에서 수직으로 내려온 선과
수평이 되도록 위치를 잡아 주고 긴 고름과는 고름 너비만큼 떨어뜨려 준다.

긴 고름은 고름 너비의 1/2 지점이 깃에 중심에 오도록 위치를 잡아 준다.

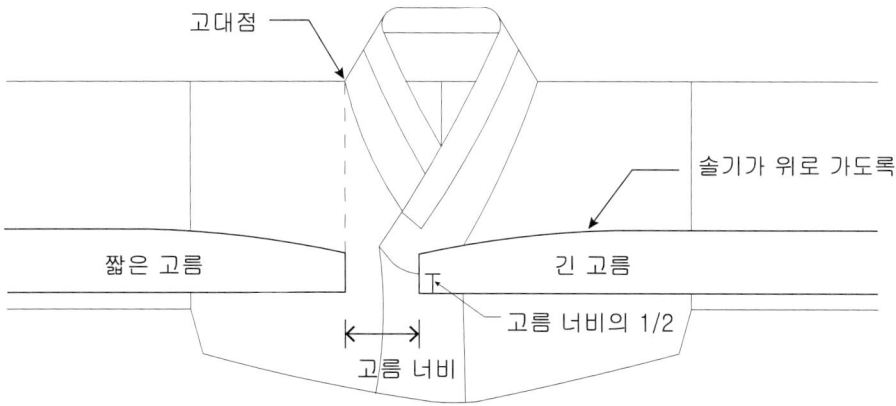

그러나 미니어처의 경우 실제로 고름을 달아 묶으면 모양이 부자연스럽다.
처음부터 고름 모양으로 접어 고정시킨 뒤, 왼쪽 길, 깃 중심에 달아 준다.

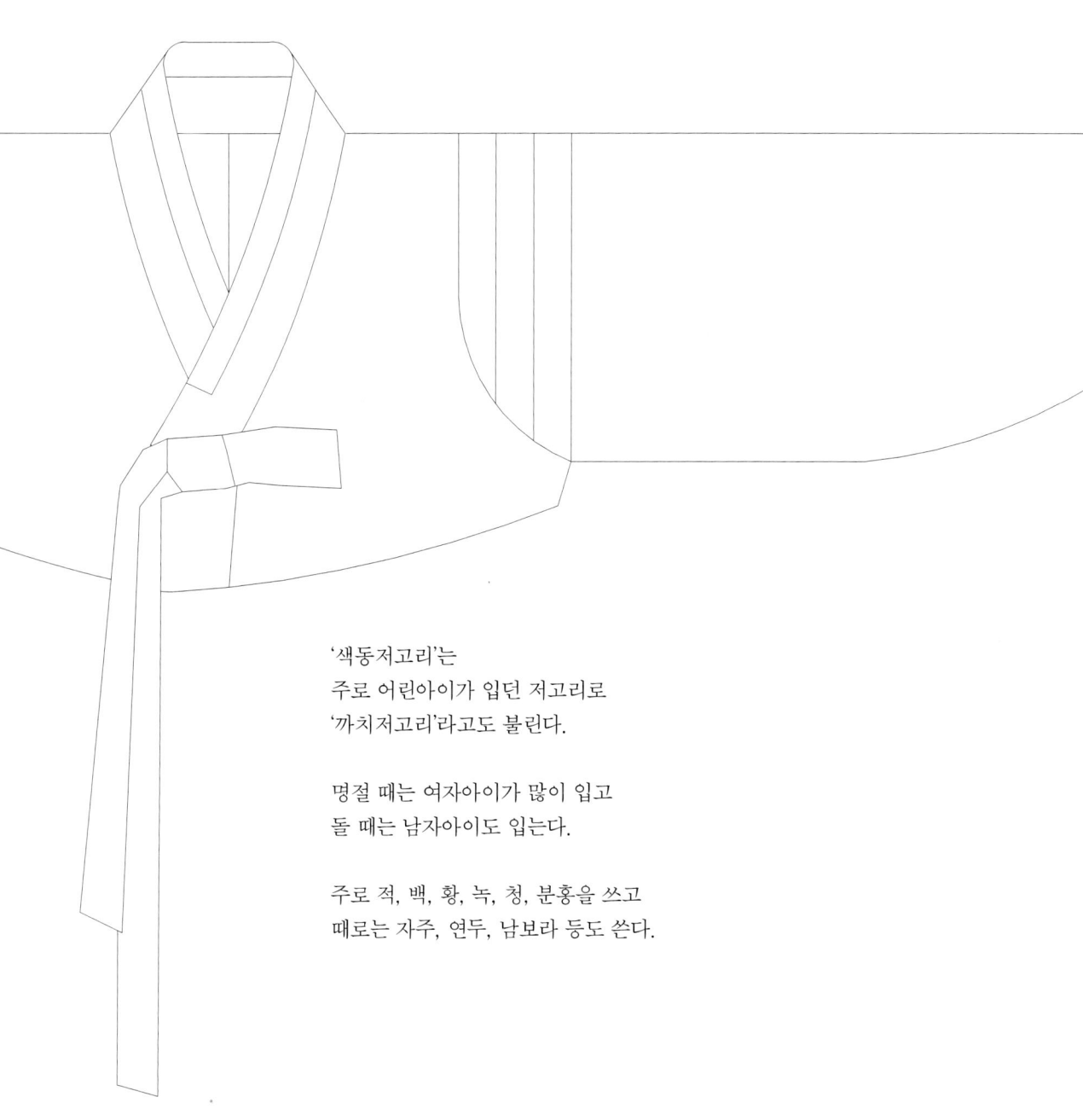

'색동저고리'는
주로 어린아이가 입던 저고리로
'까치저고리'라고도 불린다.

명절 때는 여자아이가 많이 입고
돌 때는 남자아이도 입는다.

주로 적, 백, 황, 녹, 청, 분홍을 쓰고
때로는 자주, 연두, 남보라 등도 쓴다.

색동저고리

 식서 방향에 유의하여 마름질한다.
시접은 1cm로 하고, 바느질 이후에
0.5cm 이하로 잘라서 마무리한다.

(패턴 140쪽)

겉감(숙고사, 노랑 25cmX25cm)

색동(숙고사)

깃, 고름(숙고사, 자주)

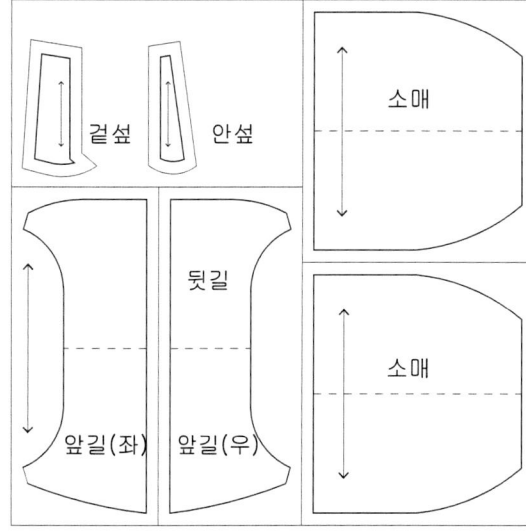
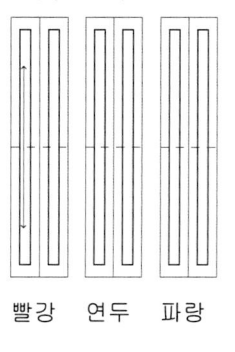
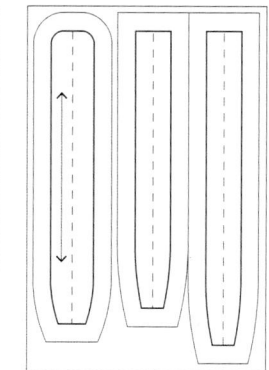

빨강   연두   파랑

겉감에는 겉섶과 안섶 본을 뒤집어서 마름질한다.
색동은 2cmX12cm로 색상별로 2장씩 마름질한다.

안감(노방, 노랑, 35cmX15cm)

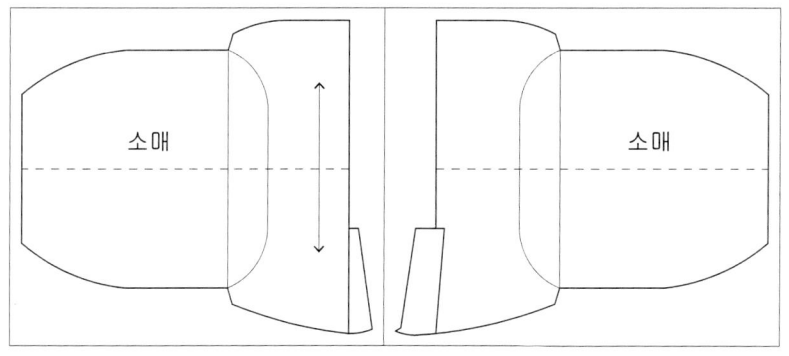

안감은 길, 소매, 섶을 붙여서 한 번에 마름질한다.

*식서란 원단의 길이 방향. 푸서란 원단의 폭을 말한다.

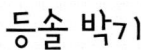 **등솔 박기**

뒷길 중심선을 고운 홈질하고 시접은 입어서
오른쪽으로 가도록 꺾는다. 앞길은 고대점에서
0.5cm 지점까지 가위집을 넣고, 좌우로 갈라놓는다.

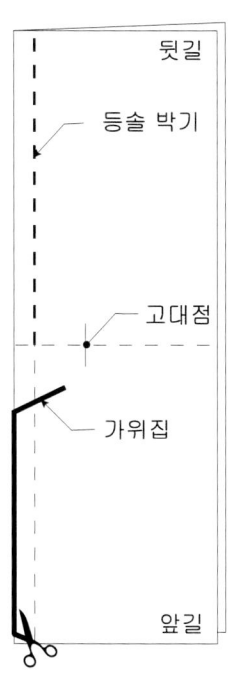

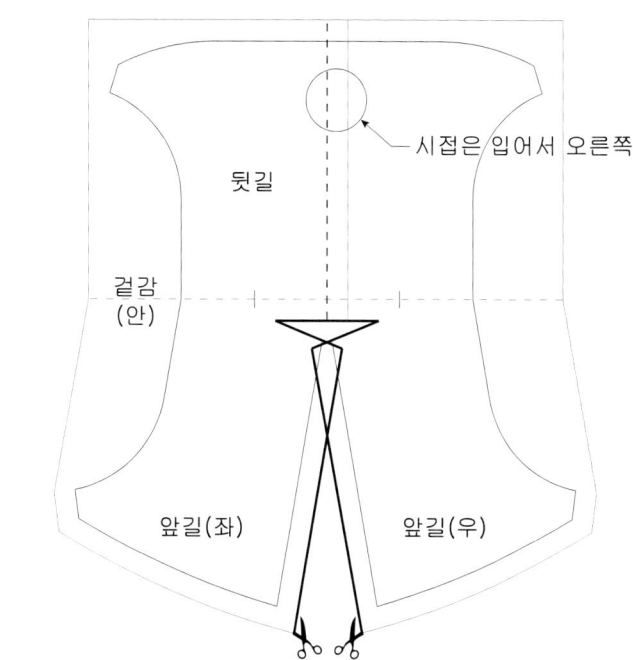

색동 잇기

색동을 '빨강(홍) - 연두(녹) - 파랑(청) - 노랑(황)'
순서대로 소매를 연결한다.

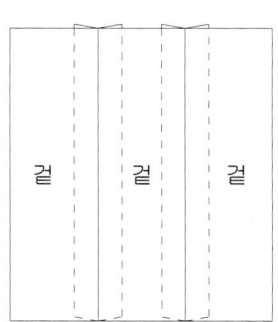

시접을 접어
겉감 쪽에서
시침 감침질한다.

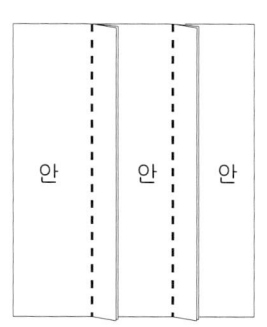

안감에서 고운 홈질한다.

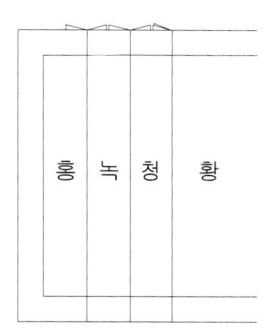

시접은 가름솔,
소매 쪽 시접은
색동 쪽으로 꺾는다.

섶 잇기

겉섶은 앞길(좌)에 안섶은 앞길(우)에 연결한다.
시접은 겉섶은 섶 쪽으로, 안섶은 길 쪽으로 꺾어 다림질한다.

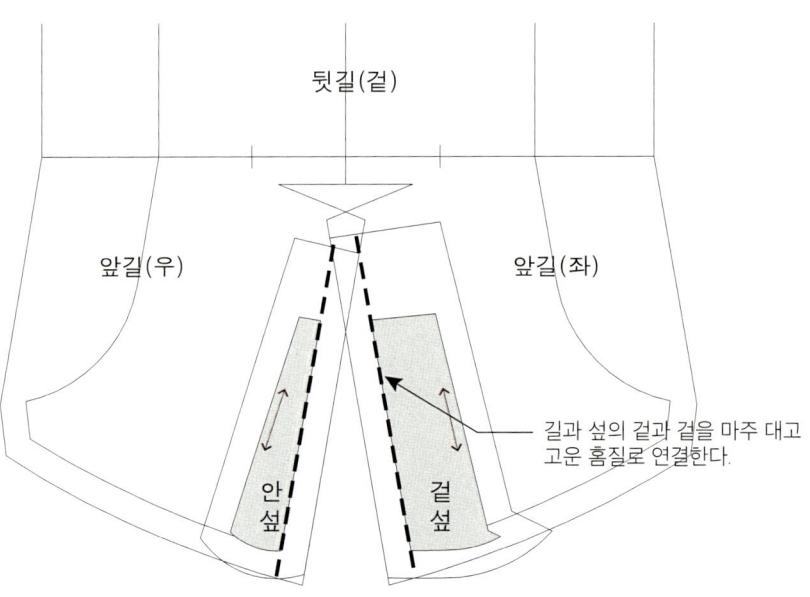

길과 섶의 겉과 겉을 마주 대고 고운 홈질로 연결한다.

조끼 소매 연결하기

어깨 중심과 진동점에 맞추어 색동을 앉혀
앞길, 뒷길에 맞도록 연결한다.

진동선 시접을 0.5cm로 정리하고,
곡선 부분을 가위집을 주고, 헤라로 그어 준 후
겉감 안쪽으로 꺾어 준다.

색동을 연결한 소매 위에 길을 올리고
시침핀으로 어깨 중심과 진동점을 맞추어 고정한다.

시침 바느질로 연결하고
안쪽에서 박음질로 연결해 준다.

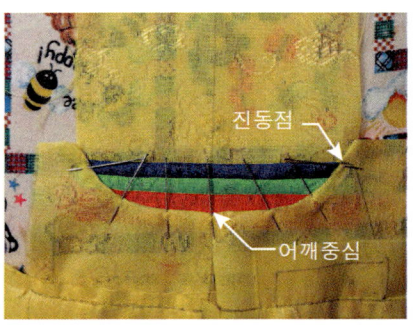
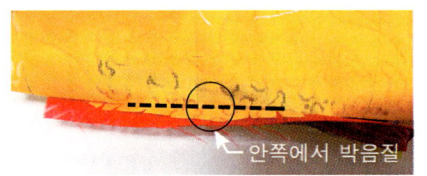

안감 만들기

길과 소매까지 하나로 마름질하고
등솔을 연결하여 시접을 정리한다.
시접은 입어서 오른쪽으로 꺾어 다림질한다.

2겹 박기

안감, 겉감 맞추어 도련, 섶, 수구 2겹 박기

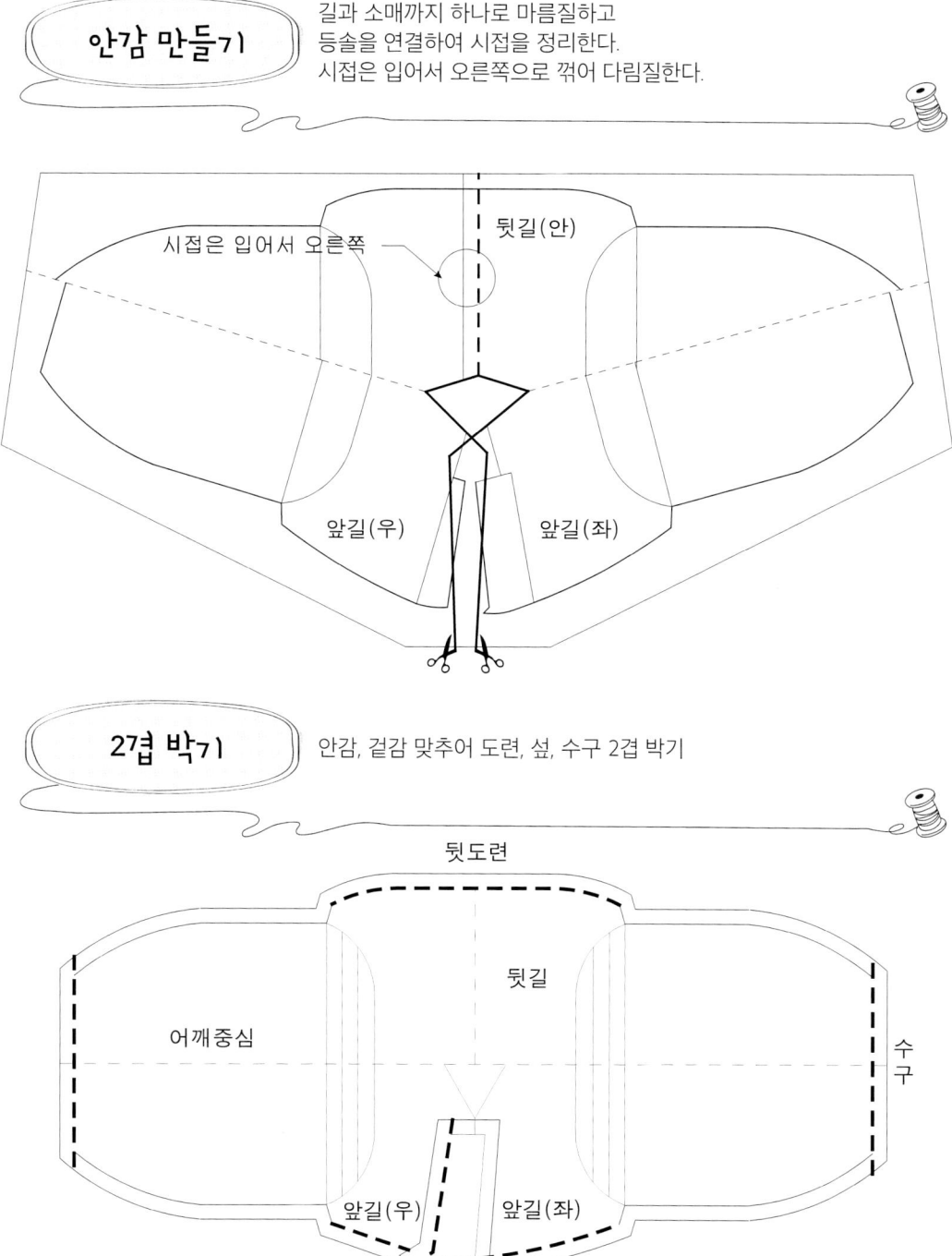

안감 겉과 겉감 겉이 마주 보도록 겹쳐 어깨 중심선을 맞추어 시침핀으로 고정하고
뒷길 도련, 좌우 앞길은 도련에서 섶선까지, 소매 수구를 2겹 바느질한다.

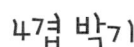 옆선에서부터 소매 배래까지 4겹 박기한다.

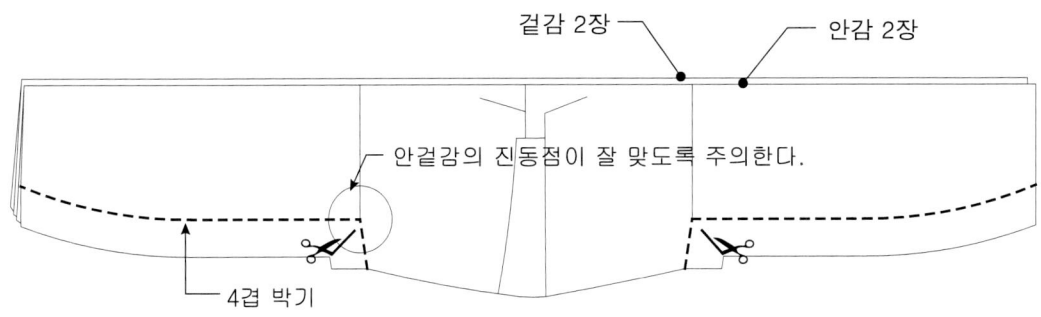

앞길 좌우를 뒤집어 뒷길에 끼워 넣는다.
안감은 안감끼리, 겉감은 겉감끼리 마주 보게 4겹을 만들어 준다.
배래와 옆선을 완성선을 잘 맞추어 4겹 바느질한다.
겨드랑이에 가위집을 넣어 주고 뒤집어서 다린다.(시접은 겉감 쪽으로)

깃, 동정, 고름 달기

(14~17쪽 참고)

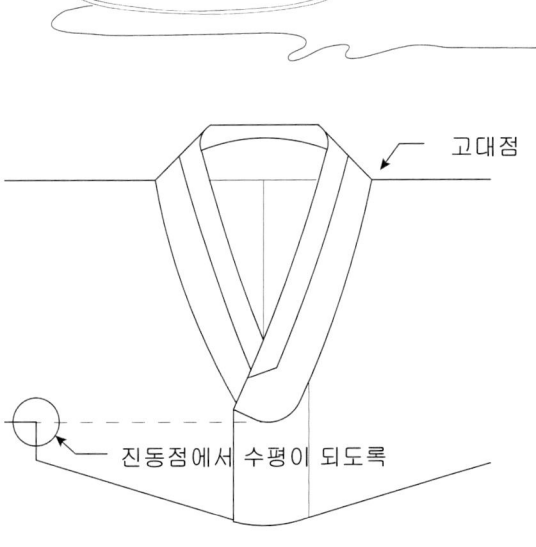

둥근 깃을 만들어 진동점에서 수평이 되도록
위치를 잡아 달아 준다.

동정은 모양을 만들어 안쪽에서 홈질로 박고
뒤집어 공그르기로 달아 준다.

고름은 시접을 접어 공그르기로 만들어 주고
고름을 묶은 모양으로 만들어 저고리에 달아 준다.

*깃은 직선이 아닌 완만한 곡선으로 달아 준다.

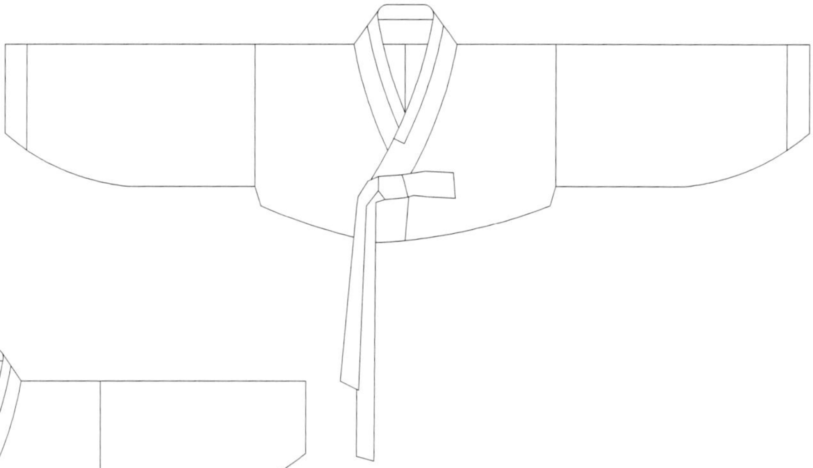

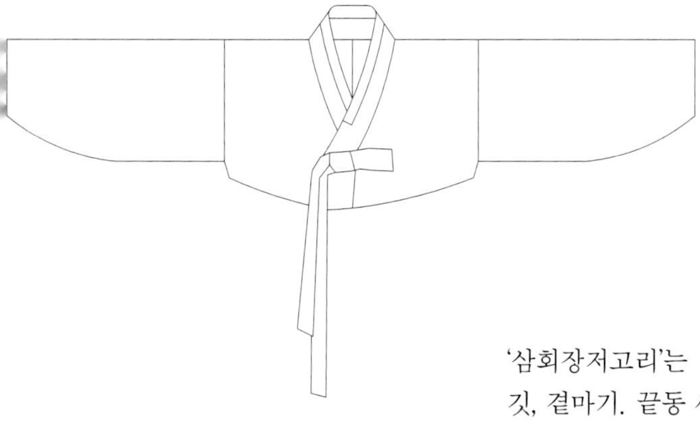

'삼회장저고리'는
깃, 곁마기. 끝동 세 부분의
색을 달리하여 만드는 저고리로

곁마기 없는 형태는 '반회장저고리',
색의 구분을 두지 않는 것은
'민저고리'라고 불린다.

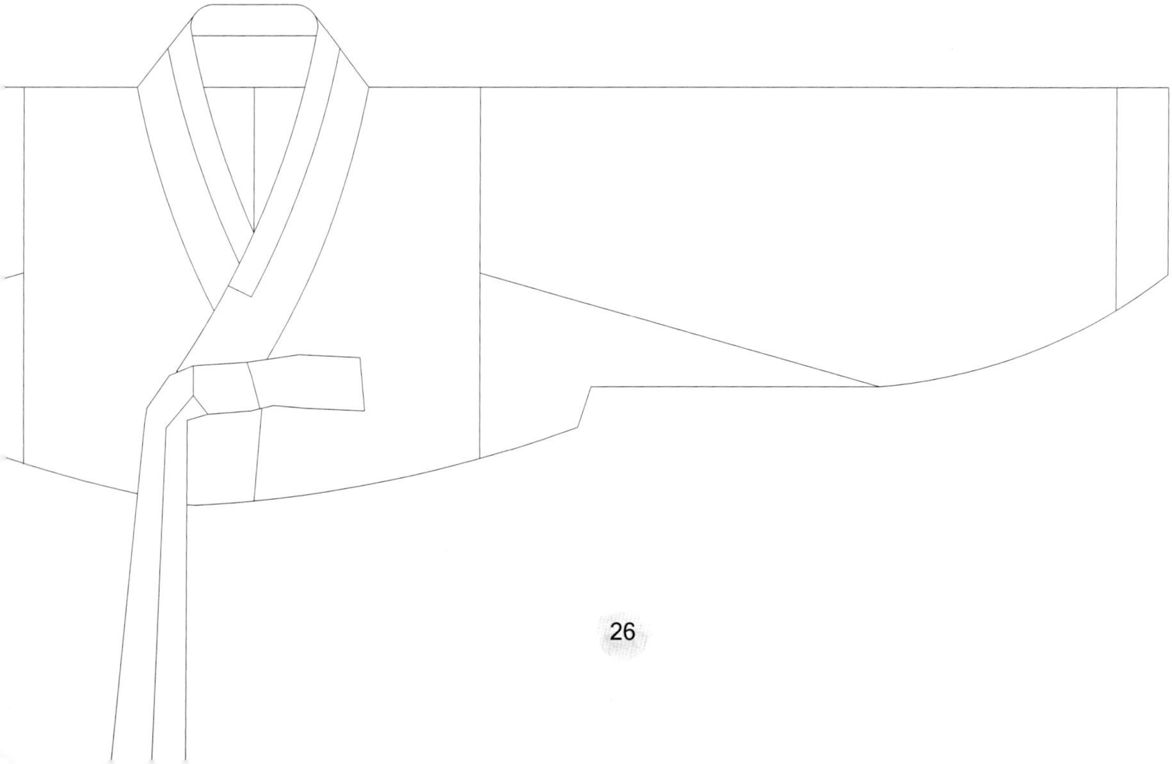

삼회장저고리

 식서 방향에 유의하여 마름질한다.
시접은 1cm로 하고 바느질 이후에 0.5cm 이하로 마무리한다.

(패턴 141쪽)

겉감(숙고사, 녹색, 40cmX16cm)

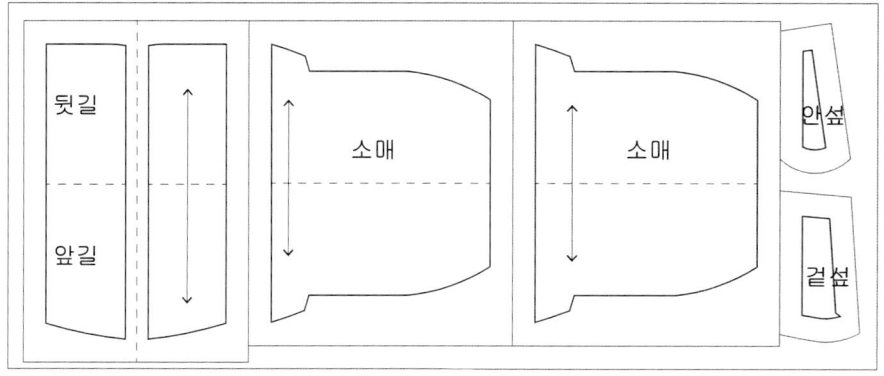

깃, 고름, 끝동, 곁마기(숙고사, 자주, 25cmX20cm)

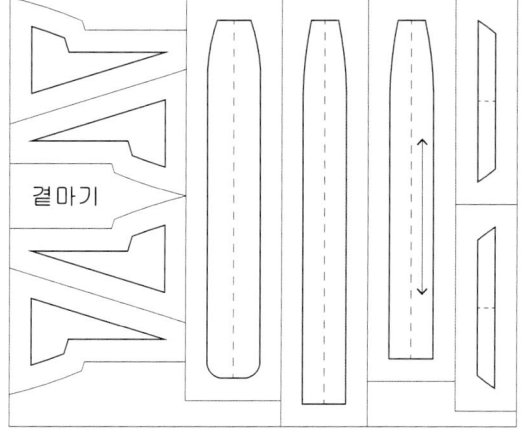

곁마기 두쌍이 마주 보도록
주의하여 마름질한다.

안감(노방, 연두, 35cmX15cm)

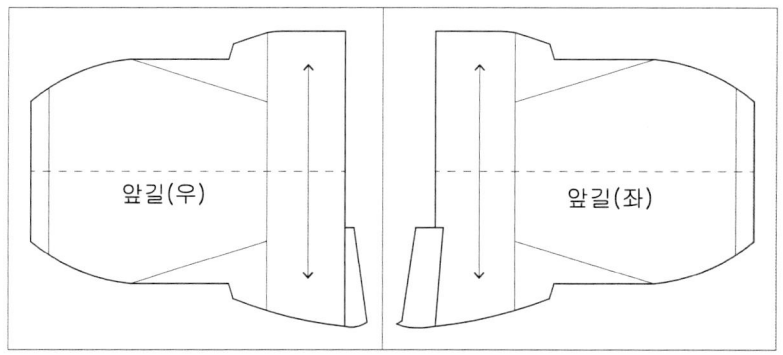

등솔 박기

뒷길 중심선을 고운 홈질하고 시접은 입어서 오른쪽으로 가도록 꺾는다. 앞길은 고대점에서 0.5cm 지점까지 가위집을 넣고, 좌우로 갈라놓는다.

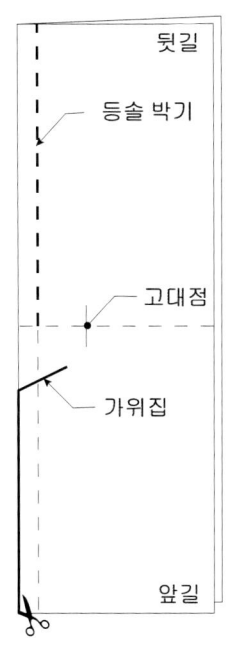

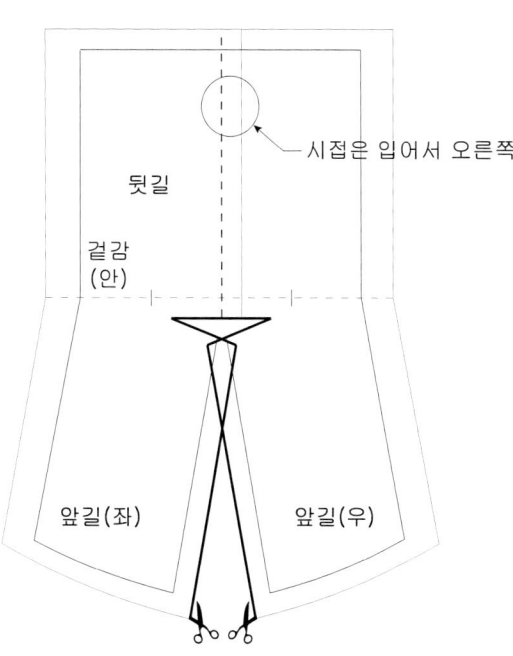

섶 잇기

겉섶은 앞길(좌)에 안섶은 앞길(우)에 연결한다.
시접은 겉섶은 섶 쪽으로 안섶은 길 쪽으로 꺾어 다림질한다.

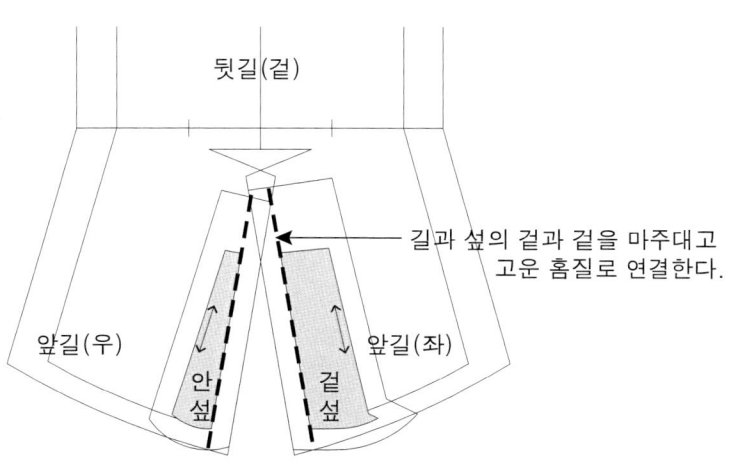

곁마기, 끝동 달기

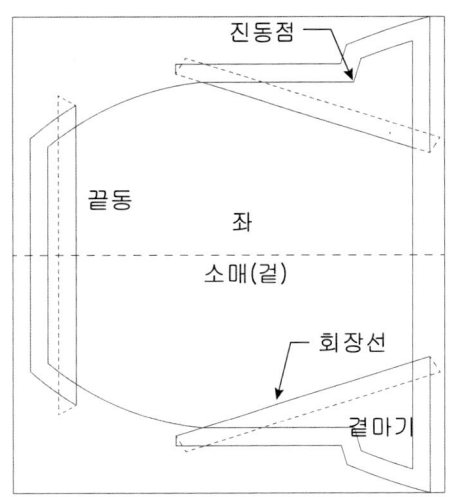
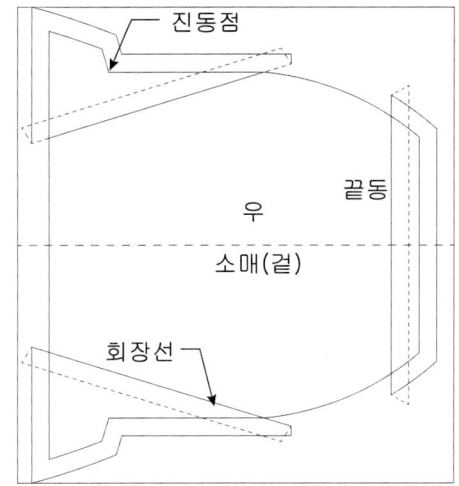

끝동, 곁마기 시접을 접어 소매 겉감(겉) 위에 회장선에 맞추어 올려 놓는다.
시침 바느질 후 안쪽에서 박음질해 준다.
끝동 시접은 소매 쪽으로 꺾어 다림질한다.

소매 잇기

길의 겉과 소매의 겉을 마주 놓는다. 길의 어깨 중심과 소매의 중심을 맞추어 시침한 후 홈질로 연결해 준다.

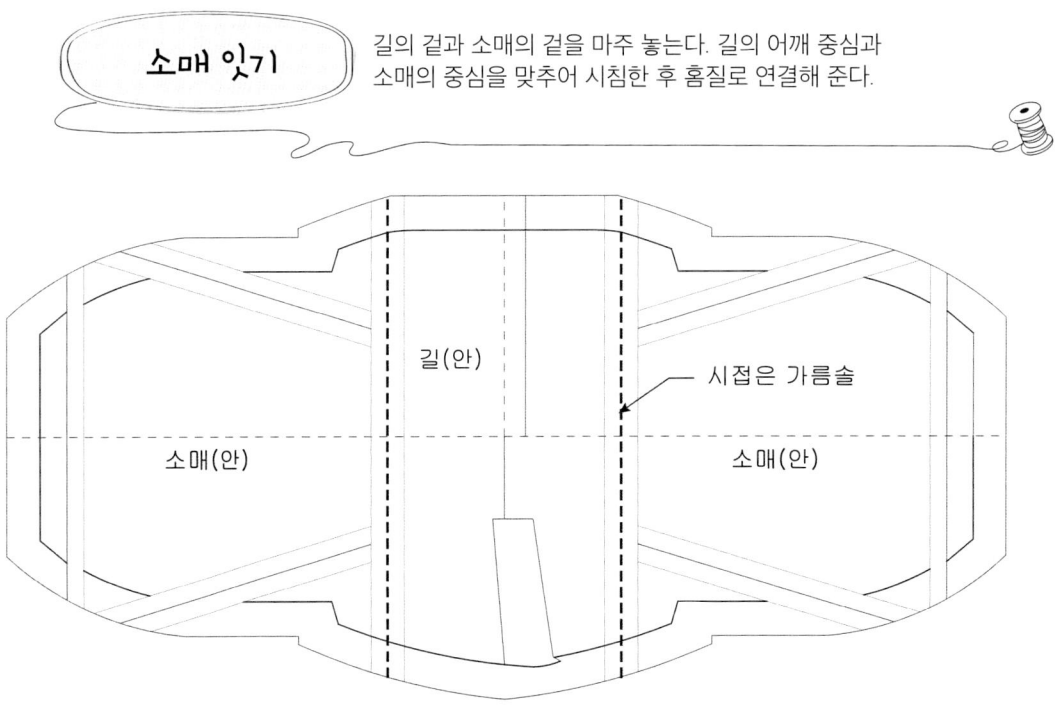

안감 만들기

길과 소매까지 하나로 마름질하고
등솔을 연결하여 시접 정리를 해 준다.
시접 방향은 입어서 오른쪽으로 꺾어 다림질한다.

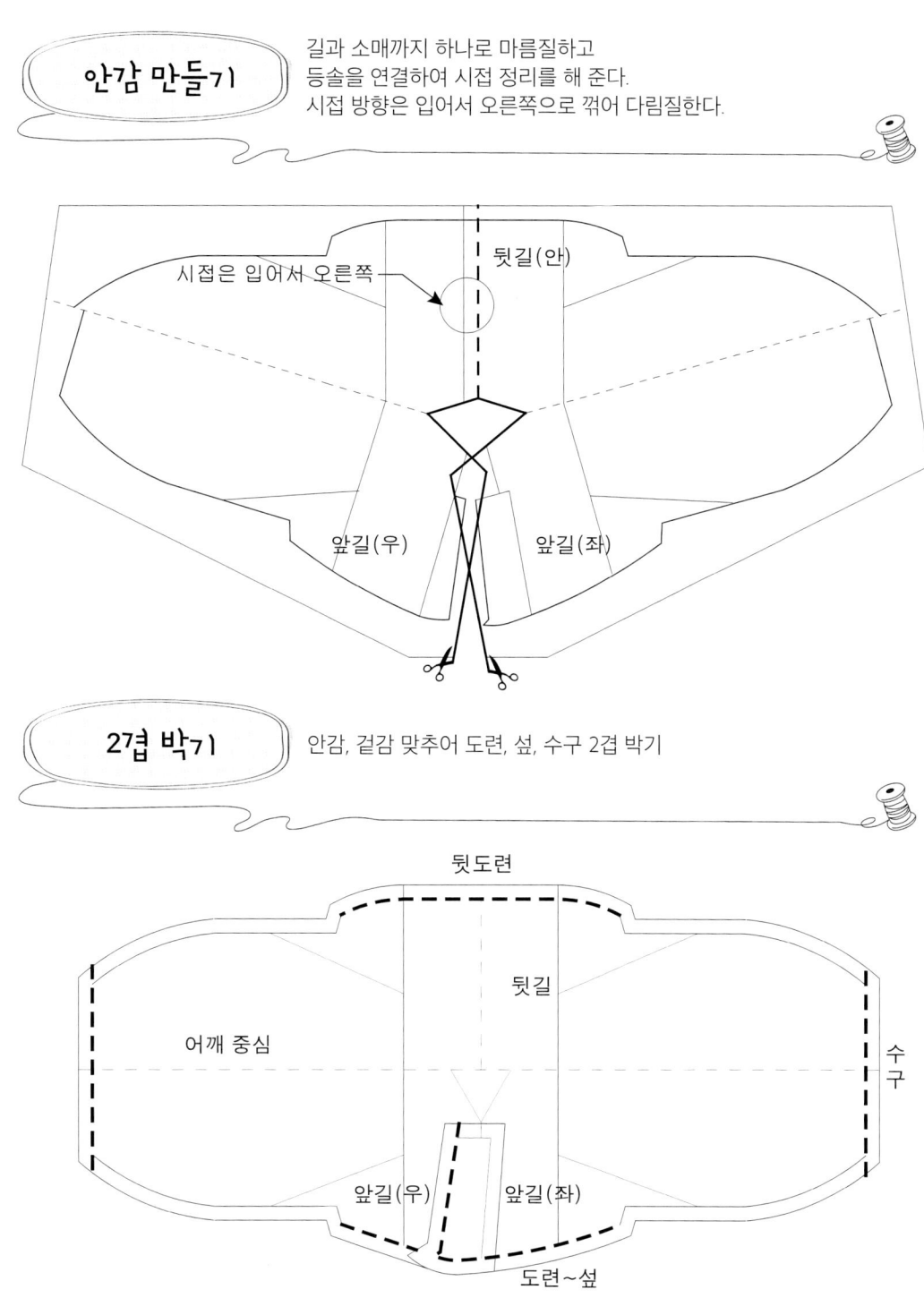

2겹 박기

안감, 겉감 맞추어 도련, 섶, 수구 2겹 박기

안감 겉과 겉감 겉이 마주 보도록 겹쳐 어깨 중심선을 맞추어 시침핀으로 고정하고
뒷길은 도련, 좌우 앞길은 도련에서 섶선까지, 소매 수구를 2겹 바느질한다.

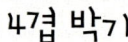 옆선에서부터 소매 배래까지 4겹 박기한다.

앞길 좌우를 뒤집어 뒷길에 끼워 넣는다.

안감은 안감끼리, 겉감은 겉감끼리 마주 보게 4겹을 만들어 준다.

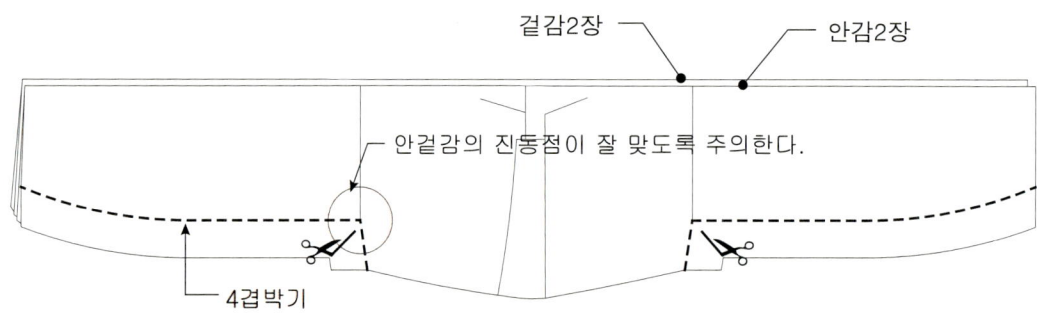

겉감2장   안감2장
안겉감의 진동점이 잘 맞도록 주의한다.
4겹박기

배래와 옆선을 완성선을 잘 맞추어 4겹 바느질한다.
겨드랑이에 가위집을 넣어 주고 뒤집어서 다린다.(시접은 겉감 쪽으로)
겉감 고대 쪽으로 손을 넣어 뒤집은 후 안감이 밀려 나오지 않도록 다림질한다.

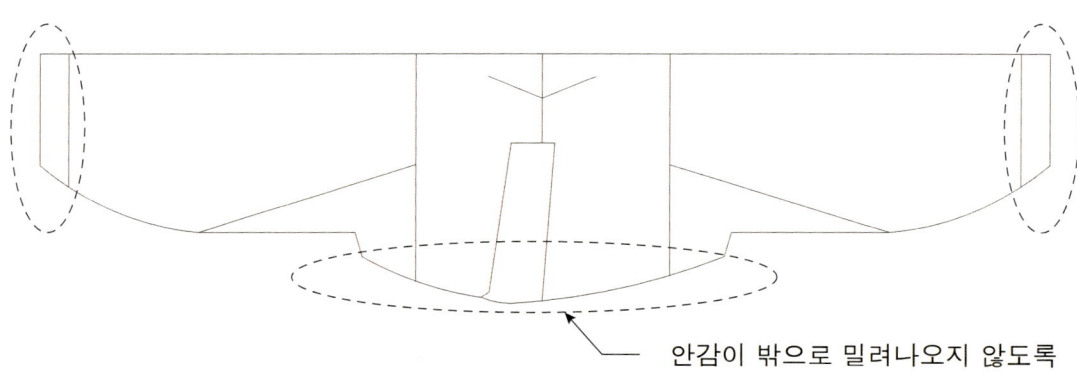

안감이 밖으로 밀려나오지 않도록

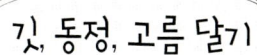 옆선에서부터 소매 배래까지 4겹 박기한다.

(14~17쪽 참고)

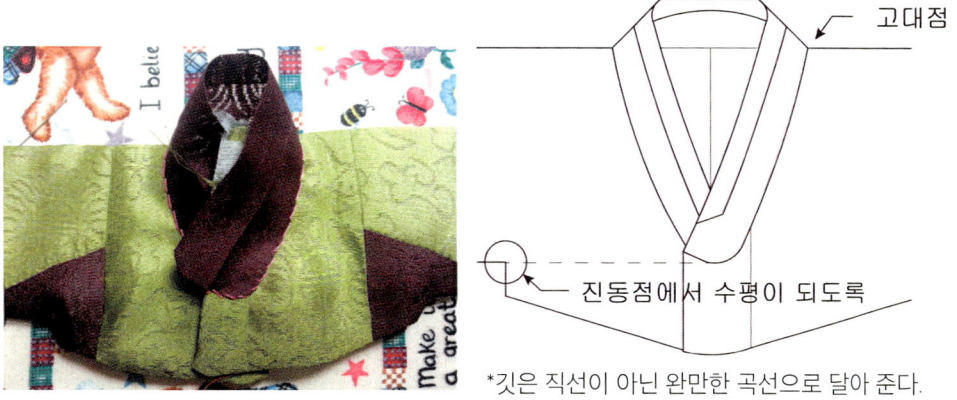

고대점

진동점에서 수평이 되도록

*깃은 직선이 아닌 완만한 곡선으로 달아 준다.

둥근 깃을 만들어 진동점에서 수평이 되도록 위치를 잡아 달아 준다.
동정은 모양을 만들어 안쪽에서 홈질로 박고 뒤집어 공그르기로 달아 준다.
고름은 시접을 접어 공그르기로 만들어 주고 고름을 묶은 모양으로 만들어 저고리에 달아 준다.

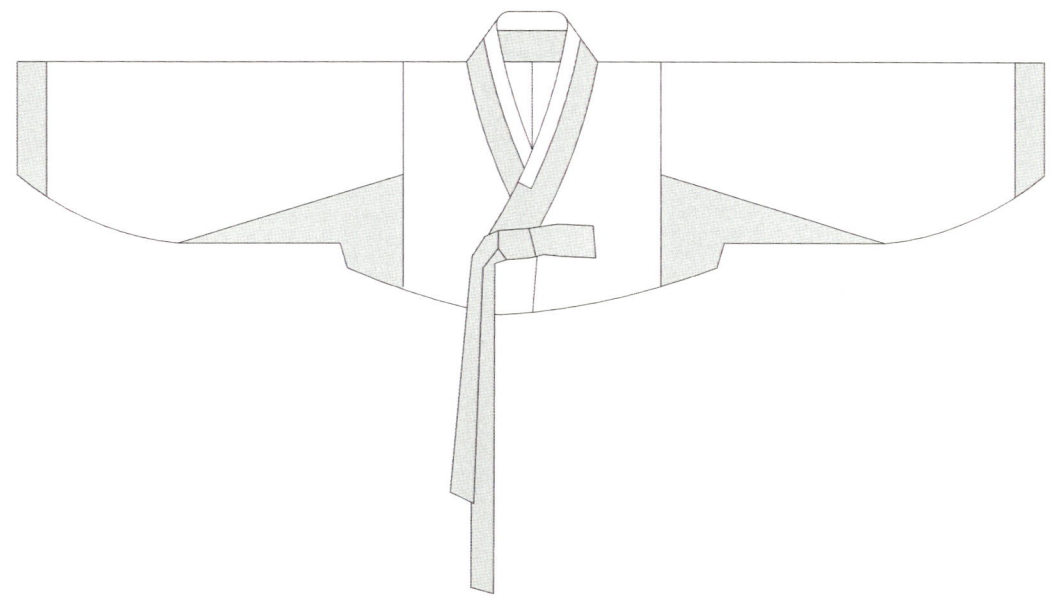

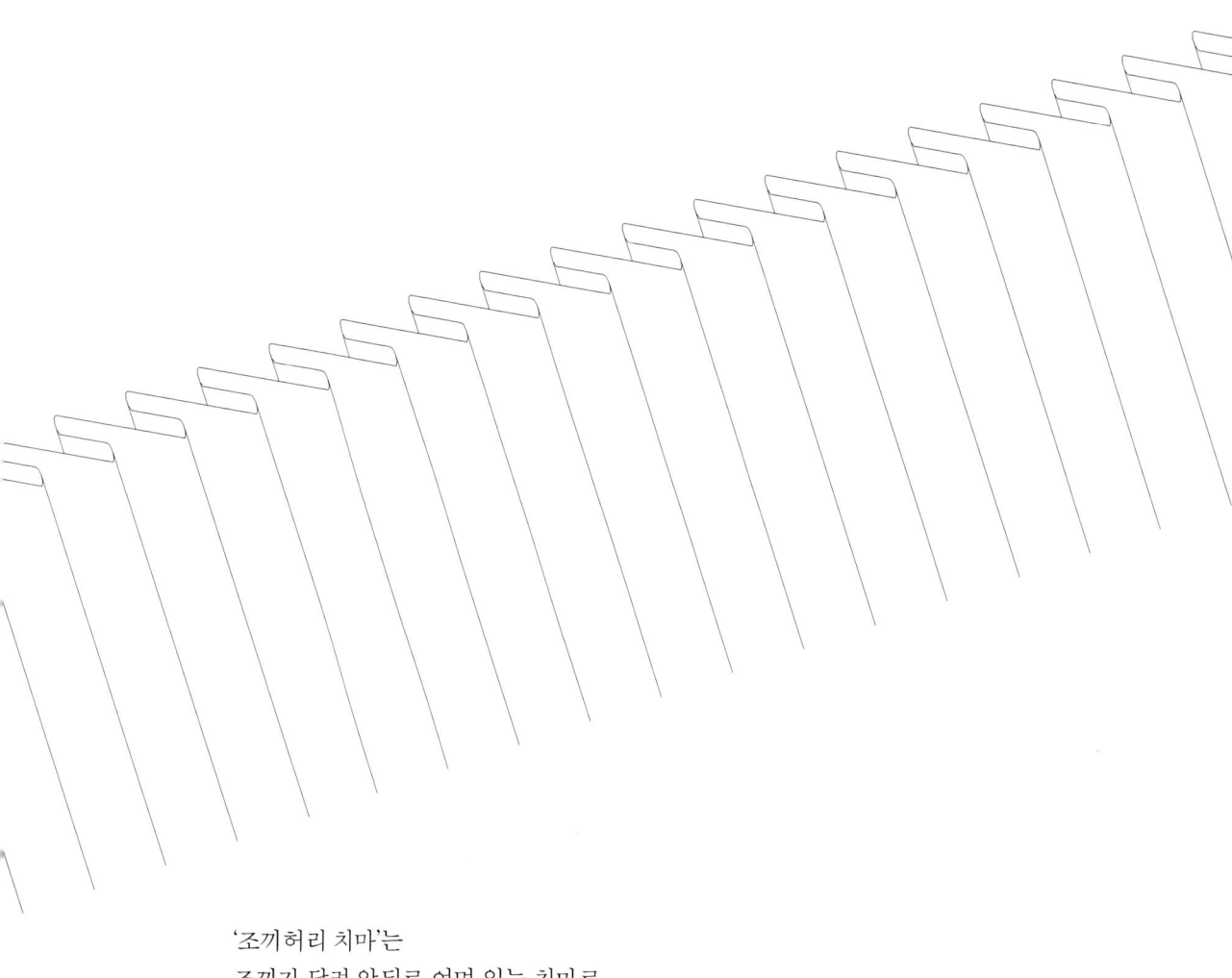

'조끼허리 치마'는
조끼가 달려 앞뒤로 여며 입는 치마로
허리끈을 달아 앞에서 여며 준다.

치마는 저고리 색상에 따라
어울리는 색상으로 하고
당의나 원삼과 함께하는 치마는
금박을 박아 장식을 더해 주면 예쁘다.

조끼 없이 허리만으로 장식수를 놓아
여며 주기도 한다.

조개허리 치마

마름질 치마는 3폭으로 마름질한다.

(패턴 142쪽)

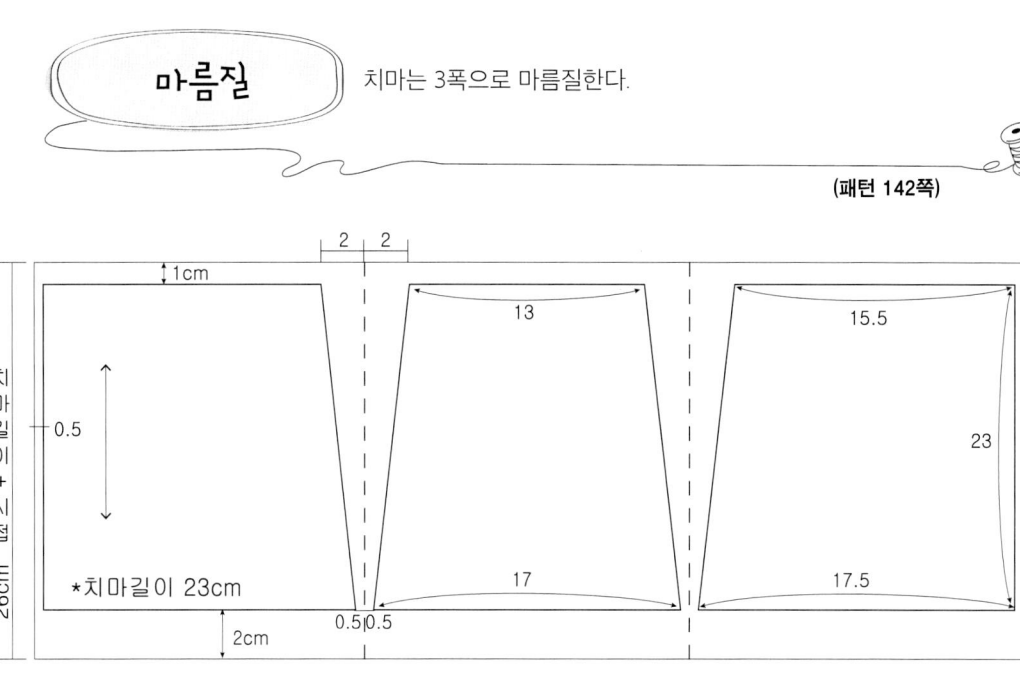

겉감(사, 분홍), 안감(노방, 분홍)

겉감 시접은 허리 1cm, 밑단 2cm, 옆선 0.5cm
안감 시접은 허리 1cm, 밑단 0.5cm, 옆선 0.5cm로 한다.

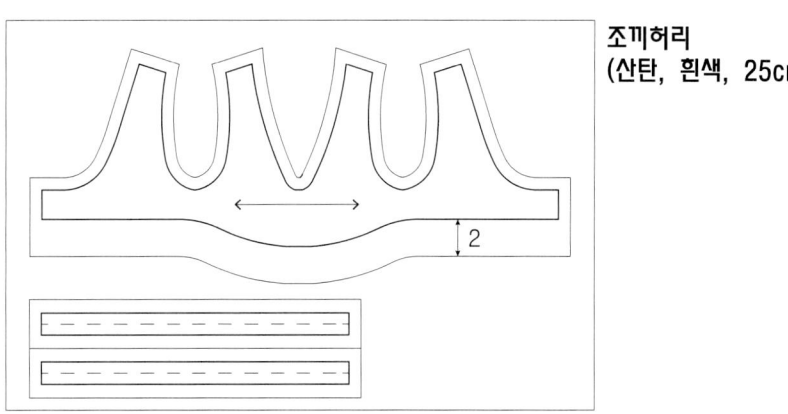

**조끼허리
(산탄, 흰색, 25cm×16cm)**

조끼허리는 2장을 겹쳐서 시접은 허리 2cm, 진동, 목선, 옆선 0.5cm,
통으로 마름질하고, 끈은 0.5cm×12cm로 2장 마름질한다.

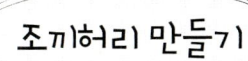 옆선에서부터 소매 배래까지 4겹 박기한다.

공그르기 또는 감침질

마름질한 끈을 반으로 접어 시접을 안쪽으로 넣은 후
공그르기 또는 감침질로 끈 2장을 만든다.

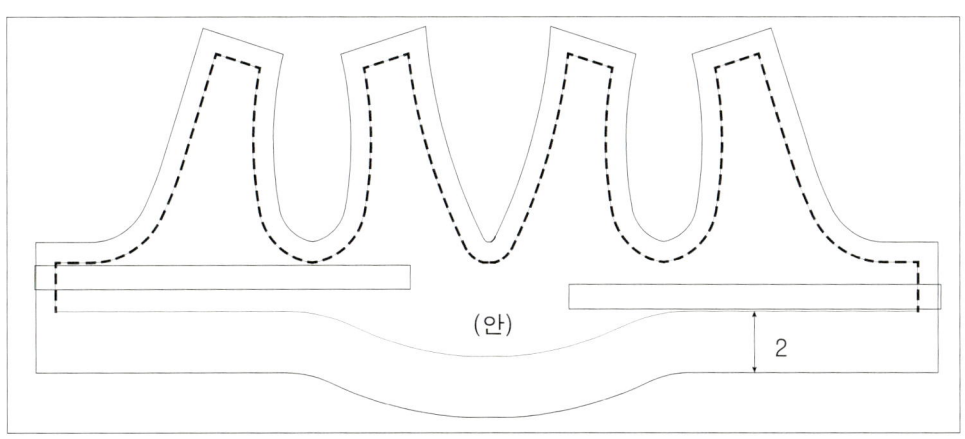

겉과 겉을 마주 대고 그림과 같이 옆선에는 완성된 끈을
오른쪽은 아래, 왼쪽은 위쪽에 넣은 후 바느질한다.

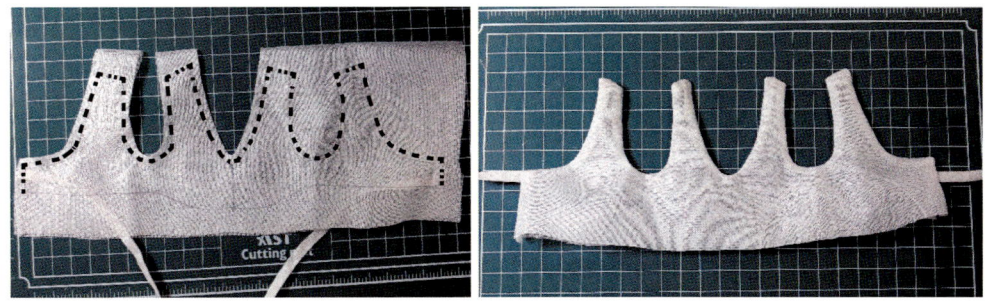

박음질해 준 후 시접을 0.5cm로 자른다.
곡선 부분에는 가위집을 넣은 후 뒤집고, 어깨는 공그르기로 붙여 준다.
허리 완성선을 안감, 겉감에 그려 준다.

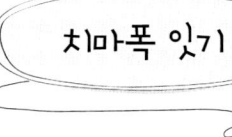 마름질된 치마를 세폭으로 연결한다.

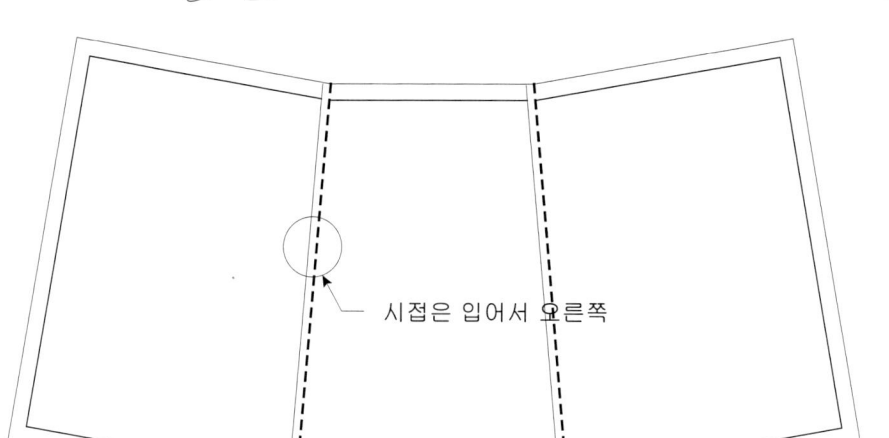

안감도 같은 방법으로 폭을 잇고 시접은 입어서 오른쪽으로 다려 준다.

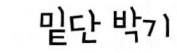

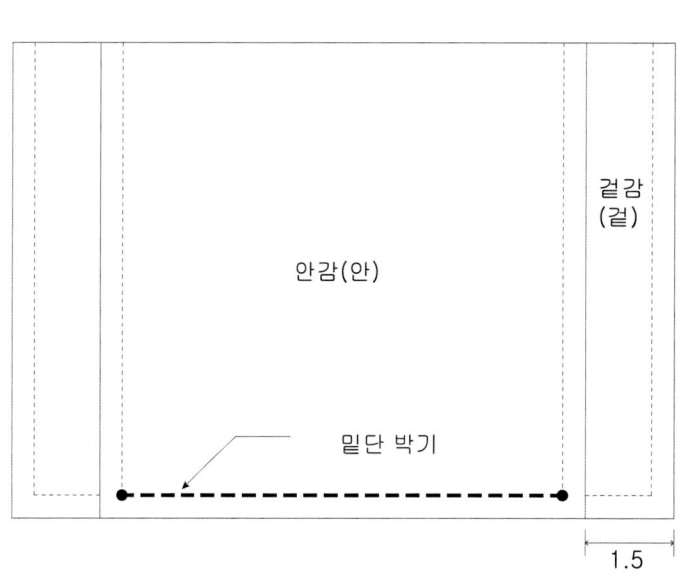

겉감의 겉과 안감의 겉을 맞대고
솔기선을 맞춰 시침핀으로 고정한다.
안감의 양 옆선을 1.5cm 자른다.
치마 선단을 완성점에서
완성점까지 박는다.

옆선 박기

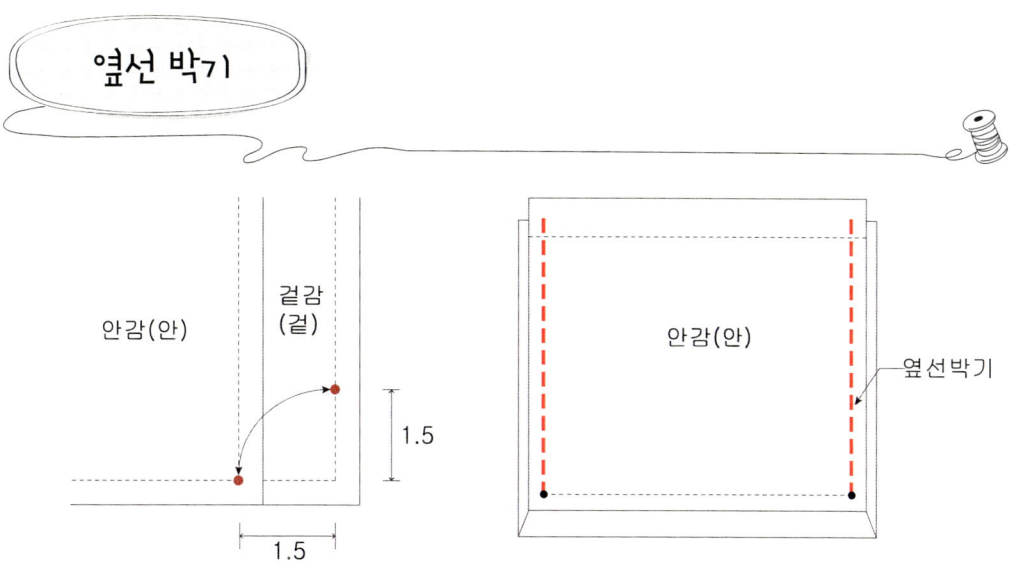

옆선에서 1.5cm 올라간 점을 표시하고 안감 밑단의 완성점을 핀으로 꽂아 들어 올려 겉감 옆선의 완성점과 맞추어 준다. 옆선을 바느질한다.

선단 모서리 만들기

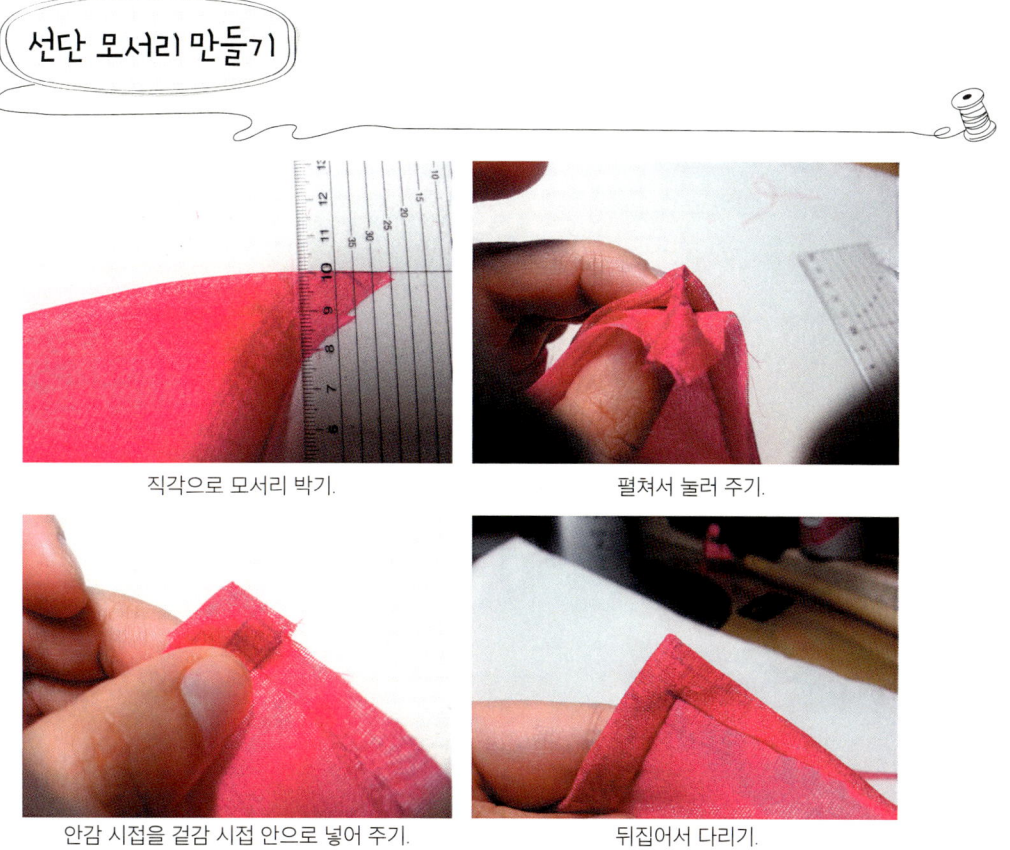

직각으로 모서리 박기.

펼쳐서 눌러 주기.

안감 시접을 겉감 시접 안으로 넣어 주기.

뒤집어서 다리기.

주름 잡기

치마허리와 조끼허리의 길이가 같도록 주름을 잡는다.

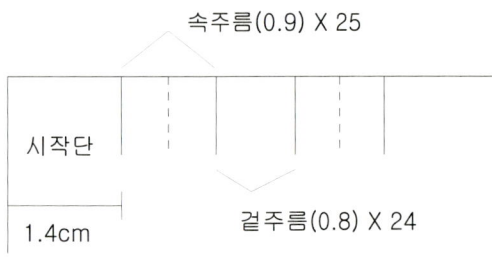

치마허리 완성선 위쪽으로 홈질하여 안감과 겉감을 고정한다.

치마 너비(44cm)와 조끼허리 너비(22cm)를 줄자로 재어 준다.

그림과 같이 주름을 잡아 실시침하여 고정한다.

시작과 끝단에서 최종 주름을 조정한다.

* 치마 너비 - 속주름 = 조끼허리 너비

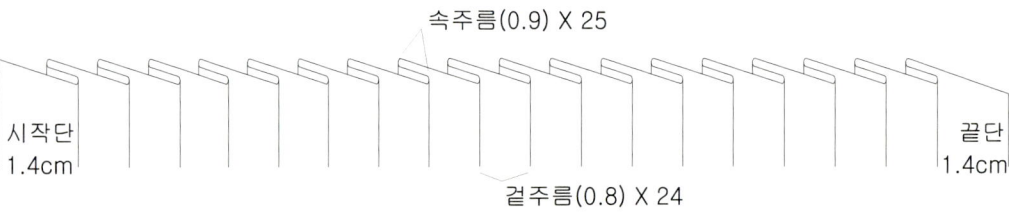

치마 완성하기

조끼허리와 치마를 연결해 준다.

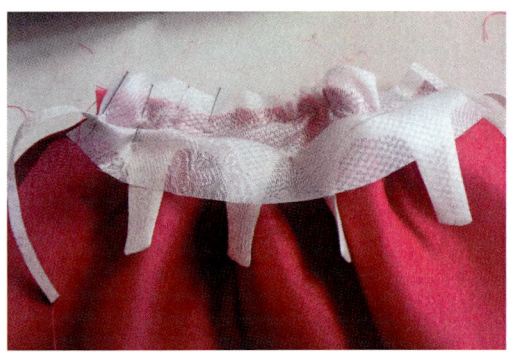

치마 겉감에 조끼허리를 그림과 같이 대고 홈질한다.

치마 중심과 조끼허리 중심을 맞추어 준다.

조끼허리를 접어 안감 쪽에서 공그르기로 마무리한다.

'무 없는 속바지'는
여자의 속옷으로
상의는 허리띠와 속적삼
하의는 다리속곳, 속속곳, 바지,
단속곳, 무지기 등이 있다.

남자의 속옷으로는 속고의가 있다.

특히 여자의 속옷을 겹겹이 입는 것은
하의를 풍성하게 보이게 하여
우리 옷의 실루엣을 강조하기 위함이었다.

무 없는 속바지

마름질

겉감, 안감, 바지통을 똑같이 마름질한다.

(패턴 148쪽)

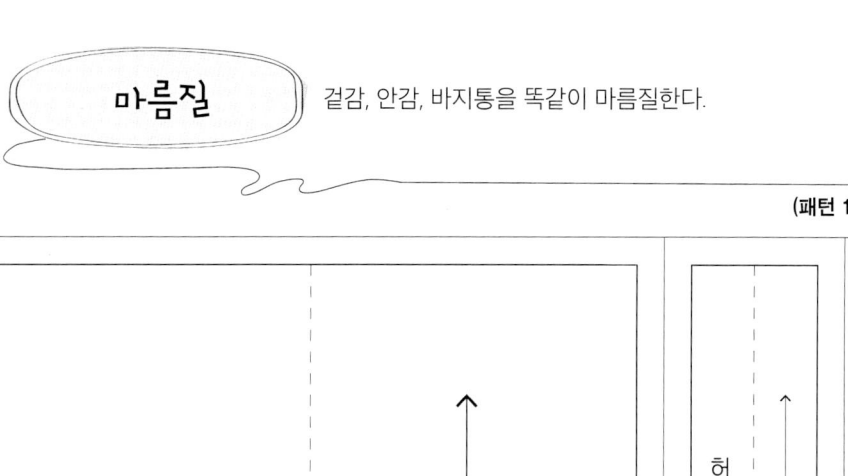

겉감(숙고사, 베이지 52cmX20cm), 안감(노방, 민트 40cmX20cm)

겉감에 바지통 2장, 허리 말기, 끈을 마름질하고
안감에 바지통 2장 마름질한다.
시접은 1cm로 마름질하고 바느질 이후에 0.5cm 이하로 마무리한다.

허리 말기 만들기

끈을 넣어 허리 말기를 만든다.

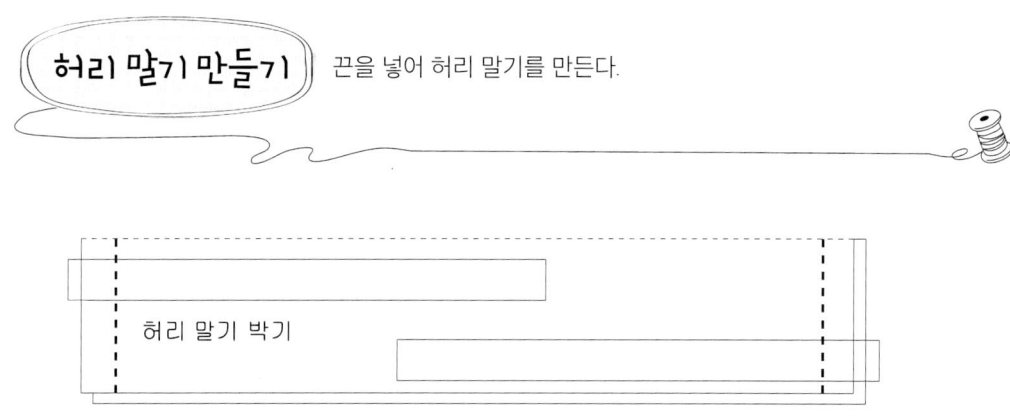

겉감 쪽에 심감(노방)을 대고 반으로 접는다.
끈을 만들어 좌우 겉쪽에 하나는 위, 다른 하나는 아래에 놓고 옆선을 박는다.

2겹 박기

바지 부리와 트임을 2겹 바느질한다.

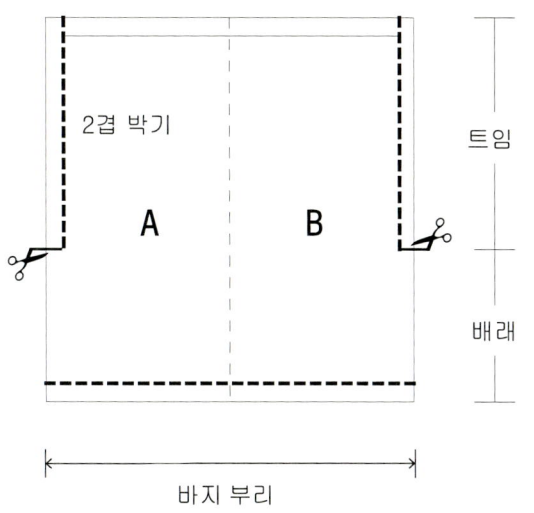

겉감 겉과 안감 겉을 맞대고
바지 부리와 트임 부분을 바느질한다.

트임 아래로 가위집을 넣어 준다.

완성 치수

바지 길이 17cm
바지통 18cm
바지 부리 3.5cm
밑 길이 10cm
허리 말기 2X16cm
허리끈 0.5X15cm

4겹 박기

바지 배래를 4겹 바느질한다.

바지통을 A→B로 B→A로
각각 밀어 넣어 겉과 겉, 안과 안이
마주 대도록 접는다.

배래를 4겹 박기 하고
시접은 겉감 쪽으로 꺾어 다림질한다.

시접 정리 후 뒤집어서
안과 겉을 이은 바지통 2개(좌우)를 만든다.

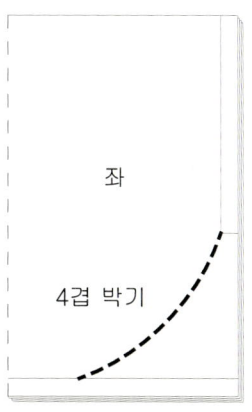
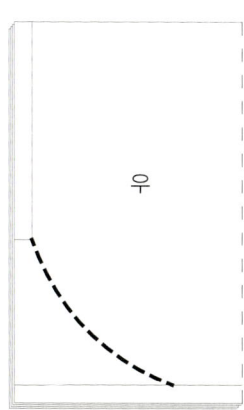

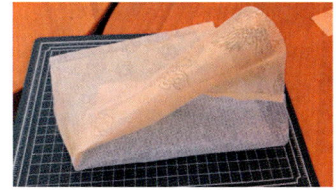

주름 잡기

맞주름으로 잡아 허리 말기의 길이와 같도록 한다.

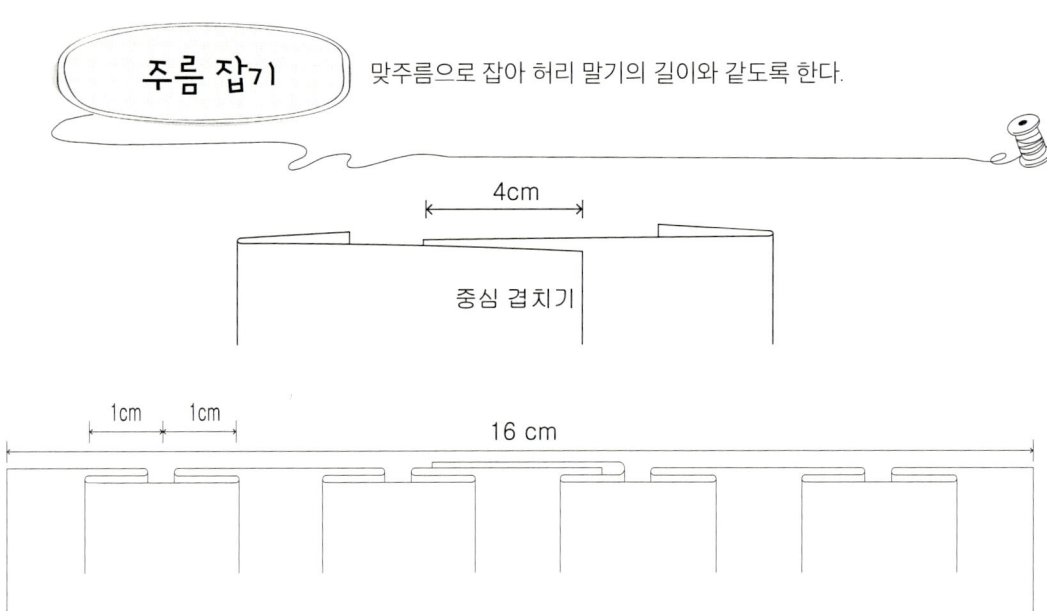

허리선을 홈질하여 겉감과 안감을 고정시킨다.
앞 중심을 4cm 겹쳐 준다.

주름을 좌우로 두 개씩 맞주름 형태로 잡아서 허리둘레에 맞게 조절한다.

완성하기

주름 잡은 바지와 허리 말기를 연결한다.

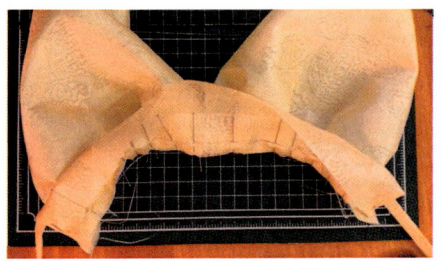 

바지 겉에서 중심을 맞추어 실시침하고 박음질한다.
젖혀서 안감 쪽에서 공그르기로 마무리한다.

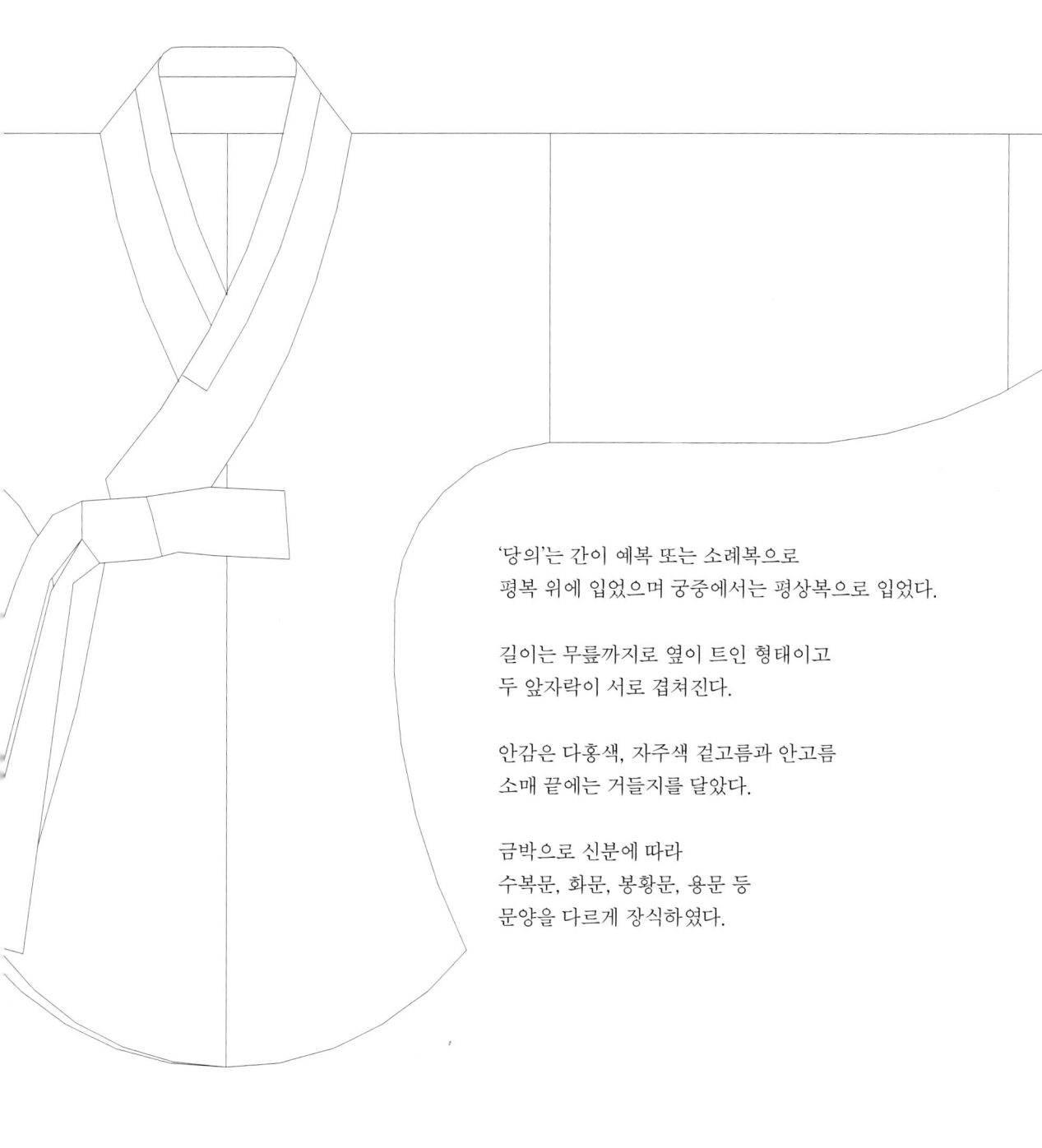

'당의'는 간이 예복 또는 소례복으로
평복 위에 입었으며 궁중에서는 평상복으로 입었다.

길이는 무릎까지로 옆이 트인 형태이고
두 앞자락이 서로 겹쳐진다.

안감은 다홍색, 자주색 겉고름과 안고름
소매 끝에는 거들지를 달았다.

금박으로 신분에 따라
수복문, 화문, 봉황문, 용문 등
문양을 다르게 장식하였다.

당의

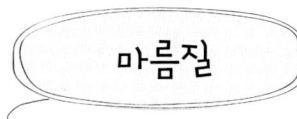# 마름질

식서 방향에 유의하여 마름질한다.
시접은 1cm로 마름질하고 바느질 이후에
0.5cm 이하로 마무리한다.

(패턴 142, 143쪽)

겉감(숙고사, 두록색, 35cmX32cm)

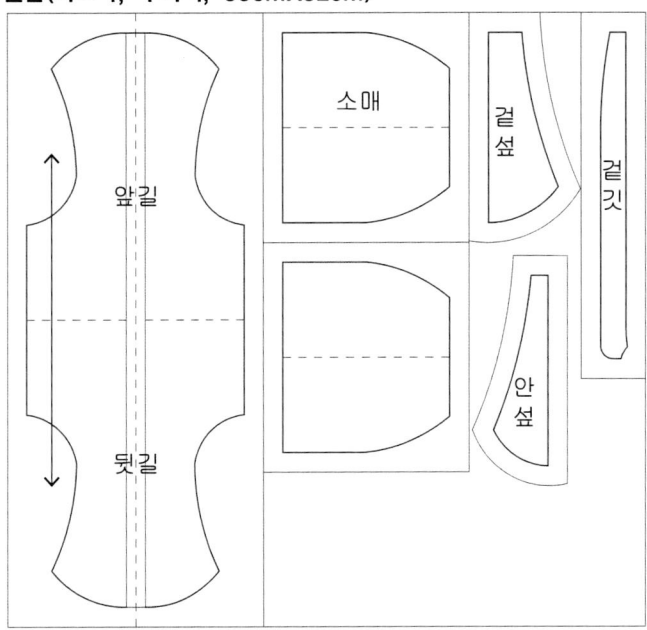
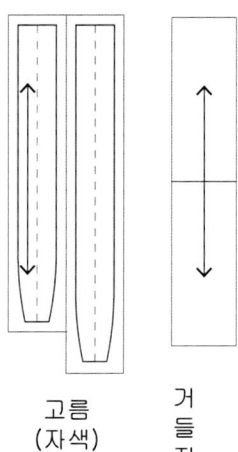

안감(숙고사, 홍색, 42cmX32cm)

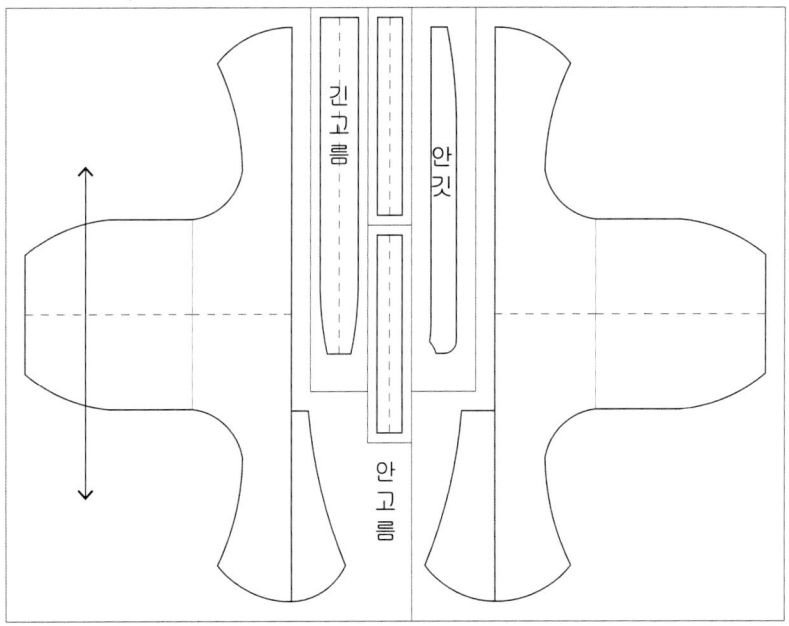

등솔 박기

뒷길 중심선을 고운 홈질하고 시접은 입어서 오른쪽으로 가도록 꺾는다. 앞길은 고대점에서 0.5cm 지점까지 가위집을 넣고, 좌우로 갈라놓는다.

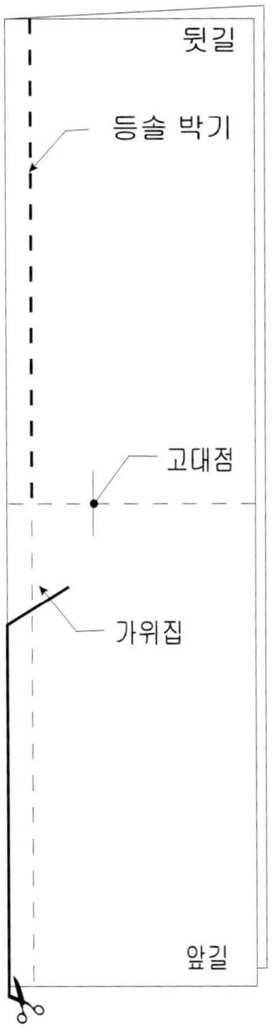

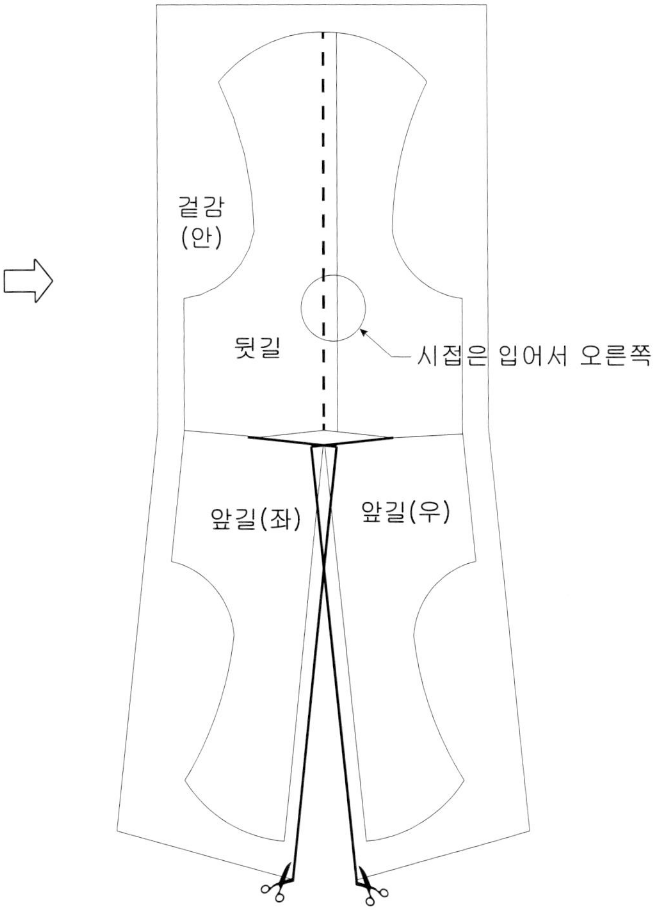

- 뒷길
- 등솔 박기
- 고대점
- 가위집
- 앞길
- 겉감 (안)
- 뒷길
- 시접은 입어서 오른쪽
- 앞길(좌)
- 앞길(우)

안감 만들기

당의는 겉감과 같은 숙고사에 마름질한다.
안감은 통으로 마름질하고 등솔만 박아 준다.
시접은 입어서 오른쪽으로 다려 준다.

섶, 소매 잇기

겉섶은 앞길(좌)에 안섶은 앞길(우)에 연결한다.
시접은 겉섶은 섶 쪽으로 안섶은 길 쪽으로 꺾어 다림질한다.
소매는 길에 연결하고 시접은 가름솔로 한다.

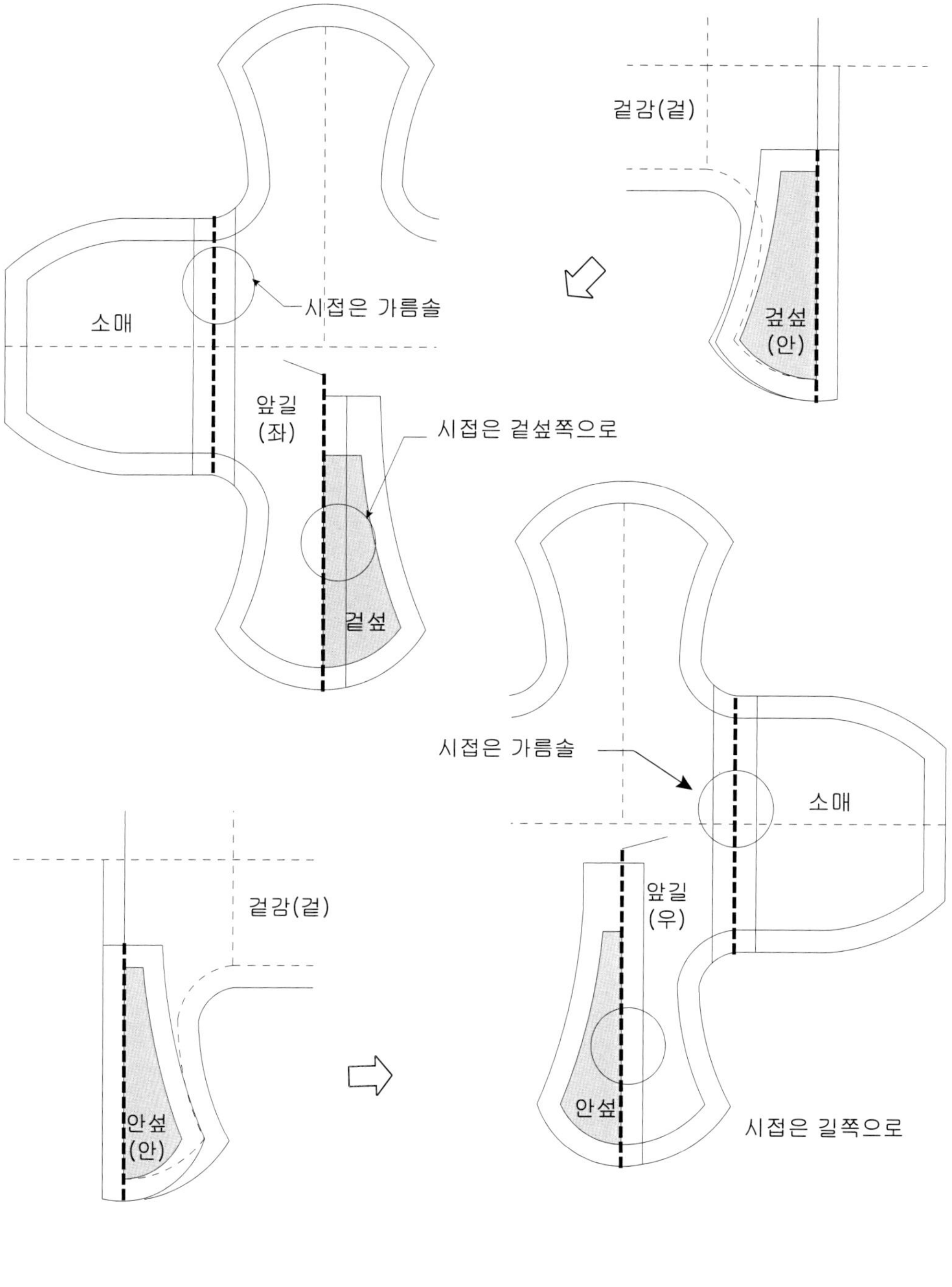

2겹 박기

안감 겉과 겉감 겉이 마주 보도록 겹쳐 시침핀으로 고정하고, 뒷길은 도련, 앞길은 도련에서 섶선(안섶, 겉섶)까지, 소매 수구를 2겹 바느질한다.

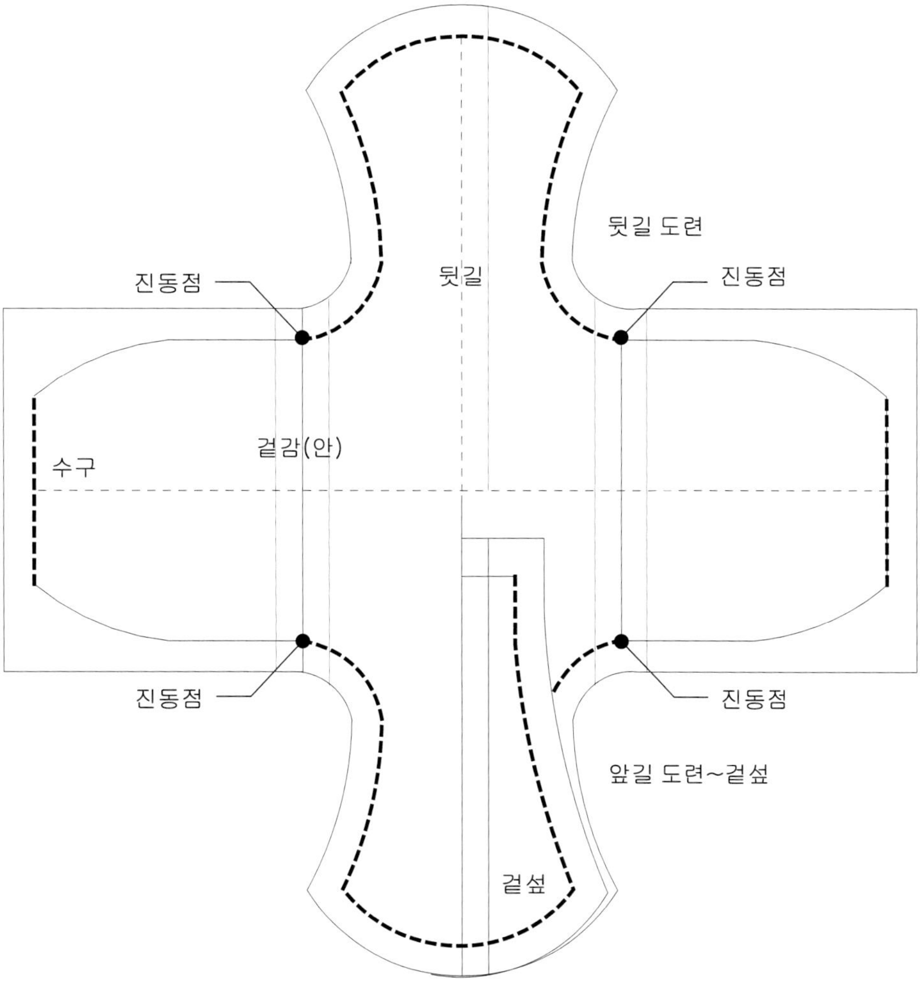

- 진동점
- 뒷길 도련
- 진동점
- 뒷길
- 수구
- 겉감(안)
- 진동점
- 진동점
- 앞길 도련~겉섶
- 겉섶

앞길 우도 안섶 부분까지 2겹 바느질한다.
이때 진동점에서 진동점까지만 바느질한다.

4겹 박기

앞길 좌우의 시접을 겉감 쪽으로 꺾어 정리하고 배래의 완성선을 잘 맞추어 4겹 바느질한다.

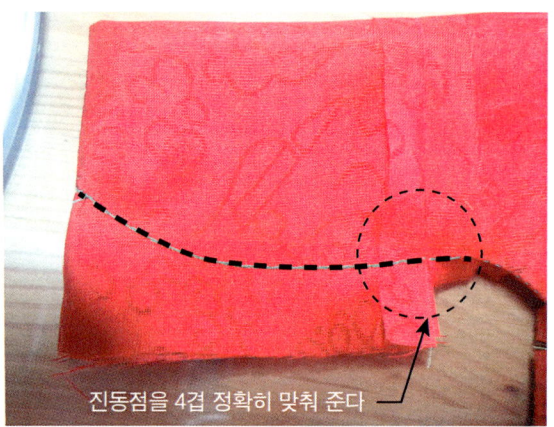

진동점을 4겹 정확히 맞춰 준다

깃, 동정 달기

(14~17쪽 참고)

1. 안감과 겉감의 코 부분을 마주 대고 바느질하여 당코 깃을 만든다.
2. 깃을 길에 대고 핀시침 후 실시침으로 고정하고 안쪽에서 홈질한다.
3. 깃의 코 부분이 진동선에 오도록 깃의 위치를 조정한다.

고름 달기

긴 고름 2개, 짧은 고름, 안고름을 만들어 달아 준다.

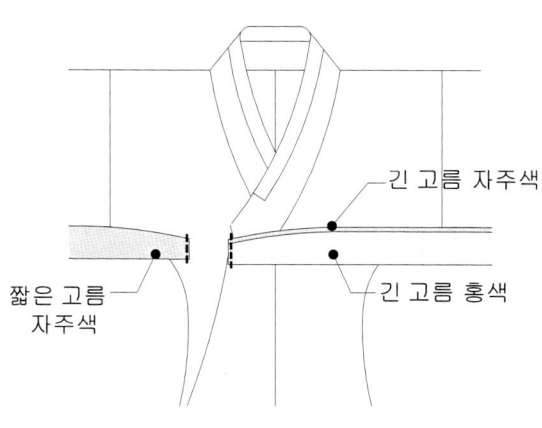

앞길(좌)에 긴 고름 2개를 달고,
앞길(우)에 짧은 고름을 달아 준다.

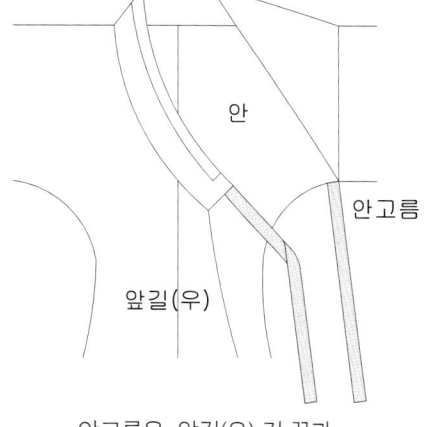

안고름은 앞길(우) 깃 끝과
진동점(안감)에 달아 준다.

금박 박기

약한 다리미 온도로 어깨선과 앞, 뒷길 하단에 눌러 금박을 박아 준다. 고름에는 꽃모양의 금박을 놓아 준다.

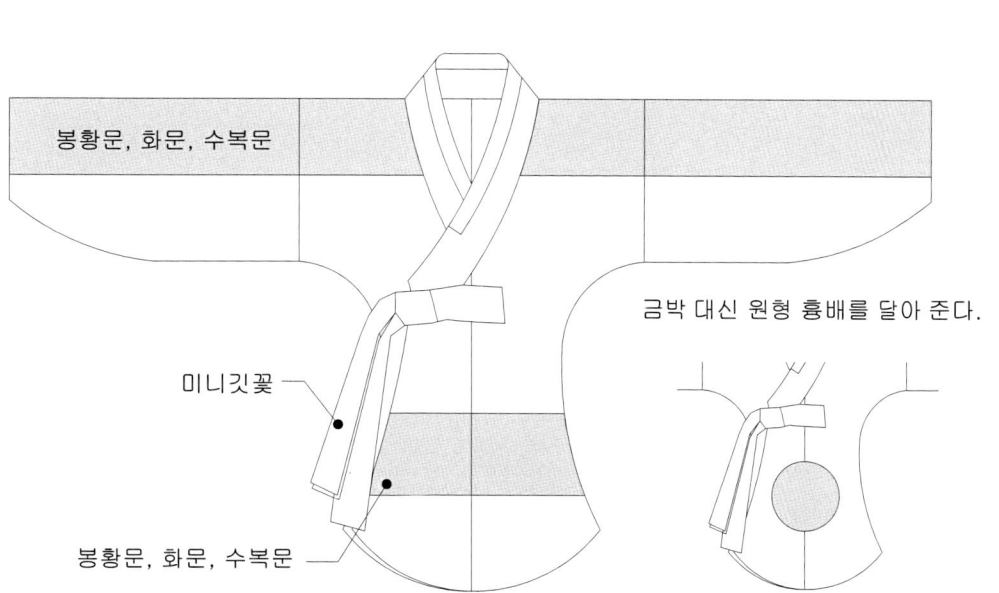

봉황문, 화문, 수복문

미니깃꽃

봉황문, 화문, 수복문

금박 대신 원형 흉배를 달아 준다.

거들지 달기

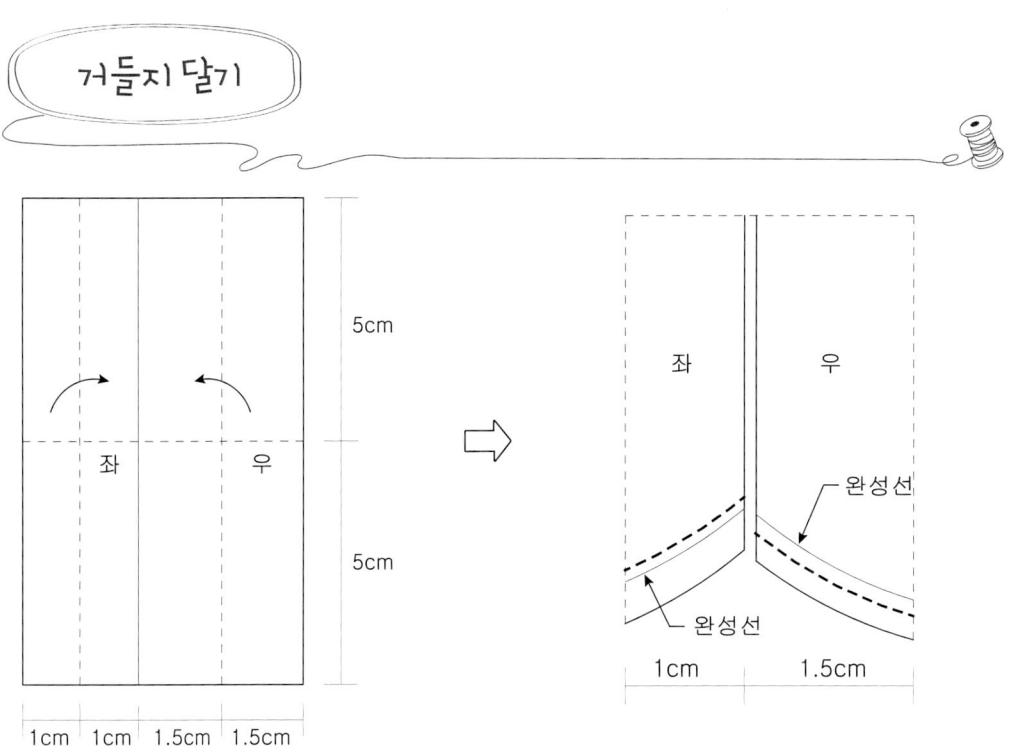

5X10cm로 마름질한 거들지를 세로로 좌 1cm, 우 1.5cm로 접고,
다시 가로로 반 접어 4겹이 되게 만든다.

끝동 모양으로 완성선을 그려 주고
좌는 완성선보다 1mm 안쪽으로, 우는 완성선보다 1mm 바깥쪽으로 바느질한다. 시접 0.3cm.

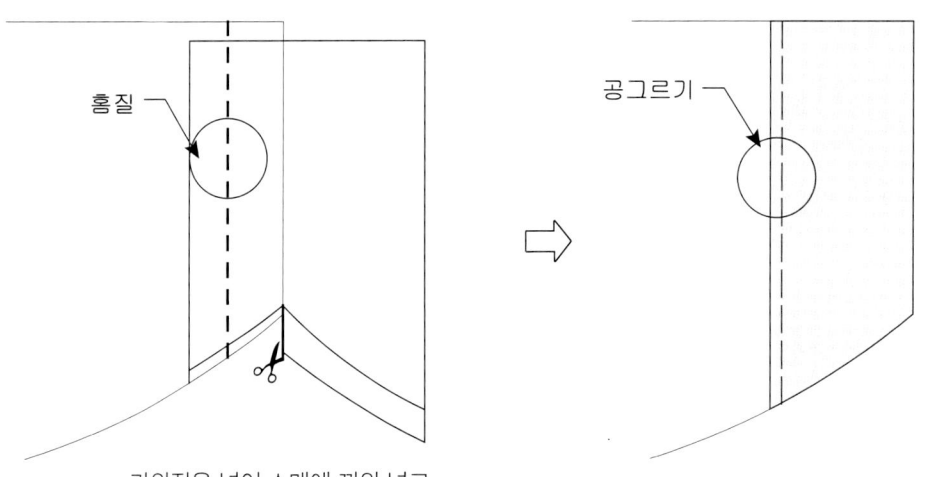

가위집을 넣어 소매에 끼워 넣고
홈질로 고정한 뒤 소매 쪽으로 뒤집어서 공그르기로 정리해 준다.

남자 저고리는 여자 저고리에 비해
길이가 길고 선이 완만하다.

또한 도련선을 옆으로 살짝 벌려 주고
소매 바느질선을 도련선과 나란히 맞추어
어깨선을 넓혀 주어서
편안하고 안정된 느낌을 갖도록 하였다.

남자 저고리

 식서 방향에 유의하여 마름질한다. 시접은 1cm로 마름질하고 바느질 이후에 0.5cm 이하로 마무리한다.

(패턴 144쪽)

겉감(숙고사, 연핑크, 45cm×28cm)

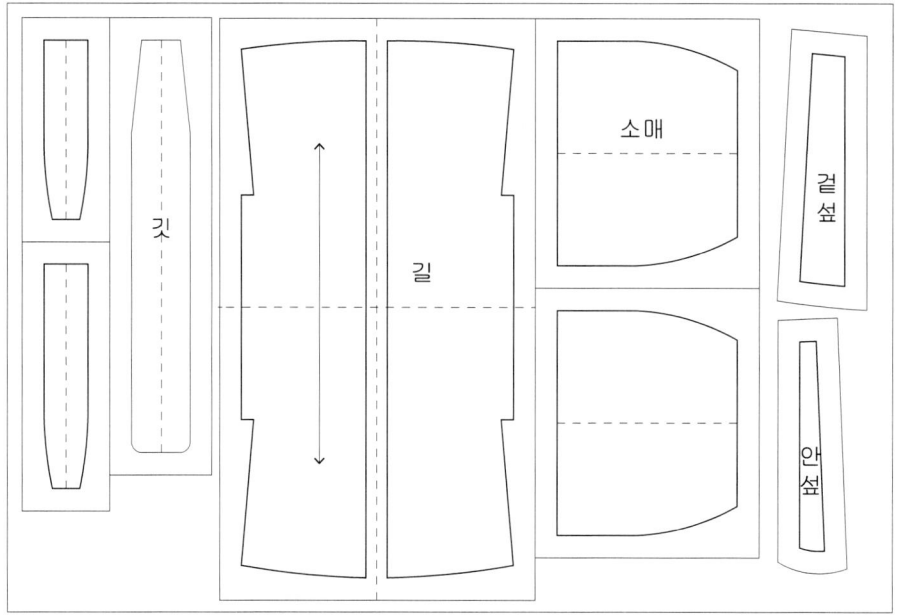

안감(노방, 흰색, 35cm×26cm)

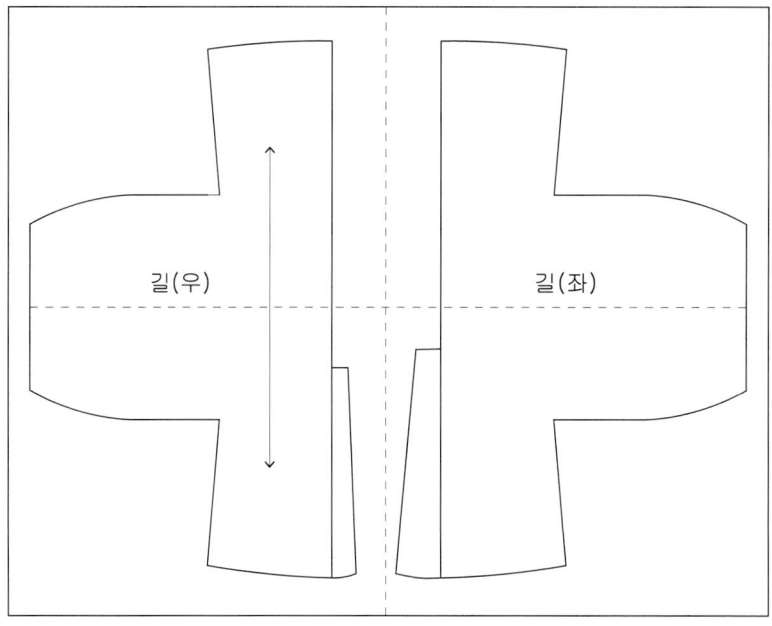

안감 만들기

당의는 겉감과 같은 숙고사에 마름질한다.
안감은 통으로 마름질하고 등솔만 박아 준다.
시접은 입어서 오른쪽으로 다려 준다.

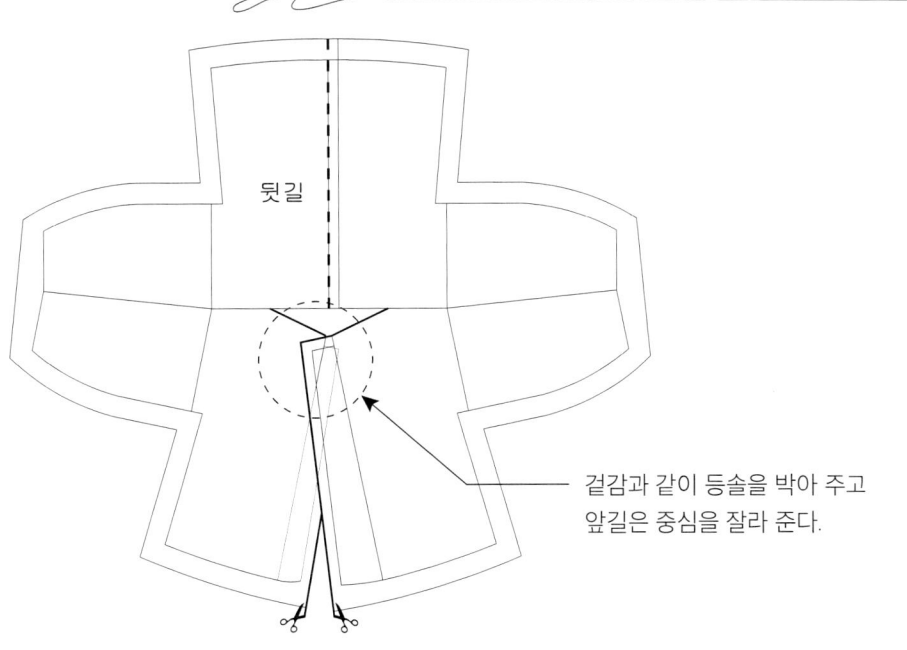

겉감과 같이 등솔을 박아 주고
앞길은 중심을 잘라 준다.

등솔 박기

뒷길 중심선을 고운 홈질하고 시접은 입어서
오른쪽으로 가도록 꺾는다. 앞길은 고대점에서
0.5cm 지점까지 가위집을 넣고, 좌우로 갈라놓는다.

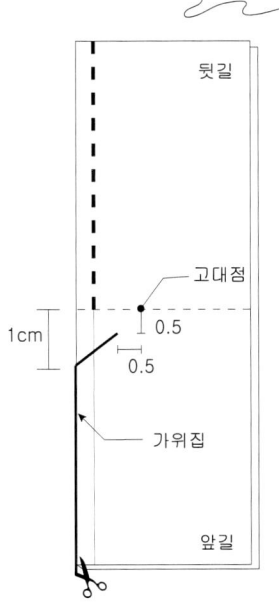 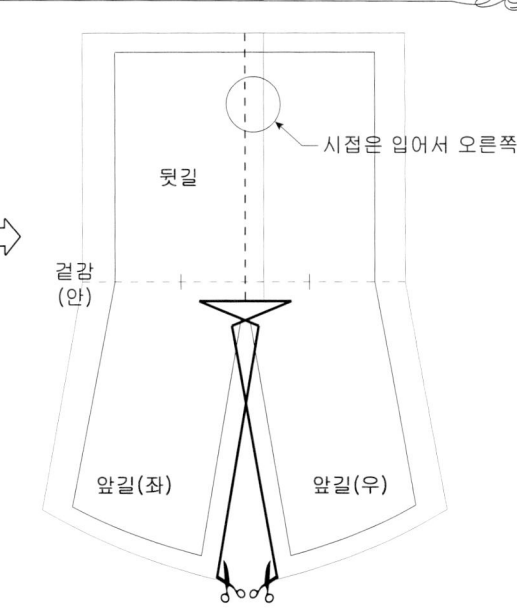

섶 달기

겉섶은 앞길(좌)에 안섶은 앞길(우)에 연결한다.
시접은 겉섶은 섶 쪽으로 안섶은 길 쪽으로 꺾어 다림질한다.

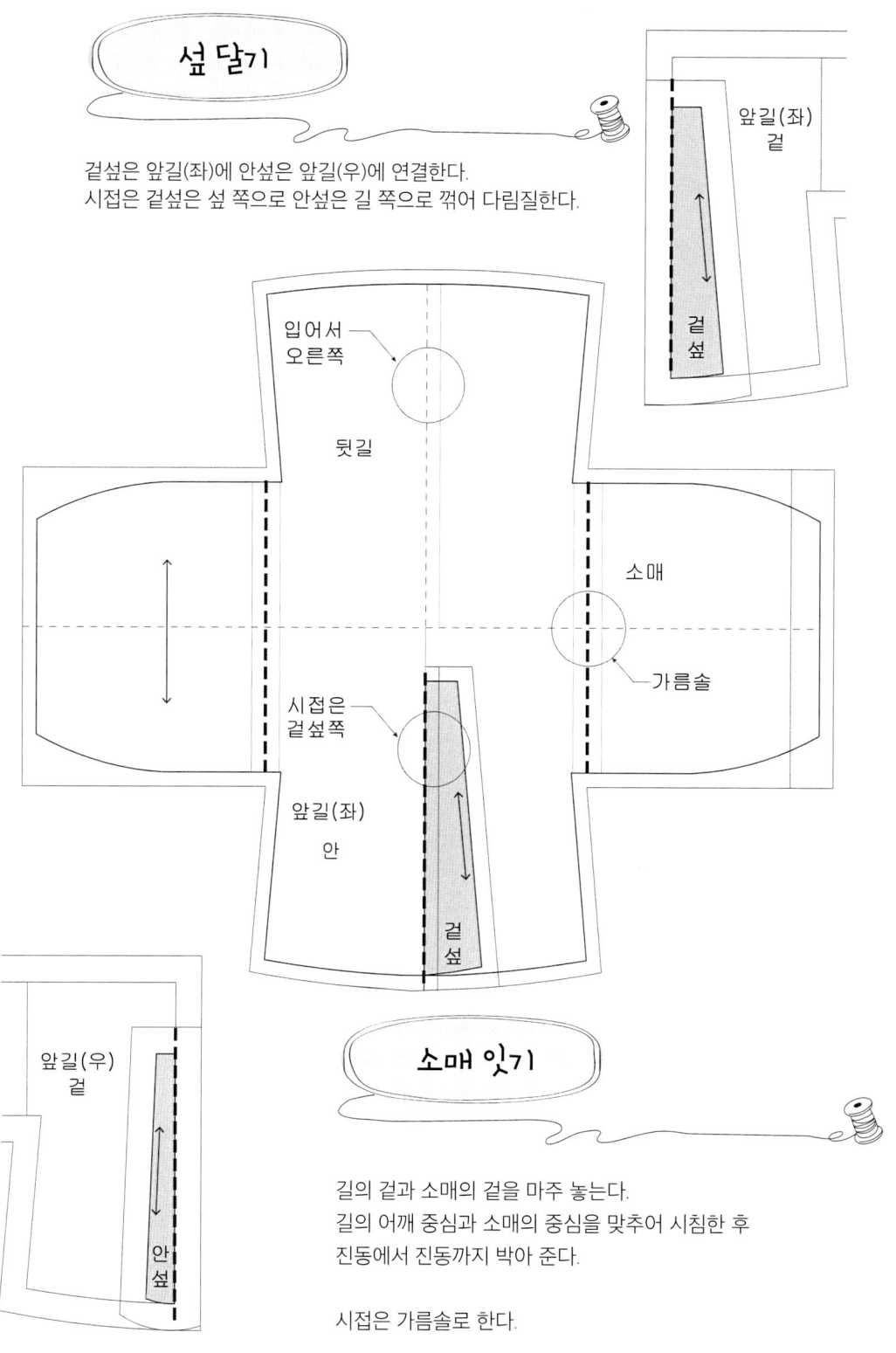

소매 잇기

길의 겉과 소매의 겉을 마주 놓는다.
길의 어깨 중심과 소매의 중심을 맞추어 시침한 후
진동에서 진동까지 박아 준다.

시접은 가름솔로 한다.

2겹 박기

뒷길은 도련, 앞길은 도련에서 섶선(안섶,겉섶)까지,
소매수구를 2겹 바느질한다.

뒷도련

입어서 오른쪽

겉감 (안)

소매

수구

수구

가름솔

앞길(좌)

겉섶

앞길(좌)~겉섶

앞길(우)~안섶

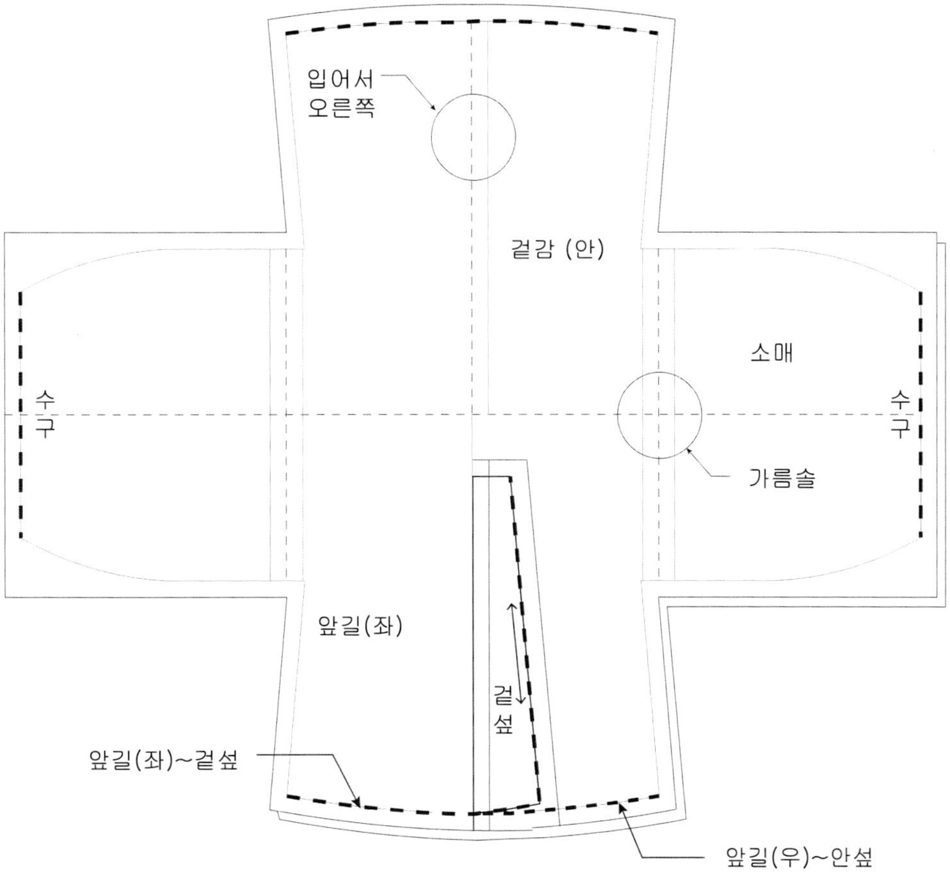

안감 겉과 겉감 겉이 마주 보도록 겹쳐
등솔선을 기준으로 고대점, 어깨 중심점, 진동점, 수구 끝점을
시침핀으로 고정한다.

뒷길은 도련, 앞길은 도련에서 섶선까지, 소매 수구를 2겹 바느질한다.

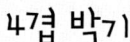 배래와 옆선을 4겹 박기 한다.

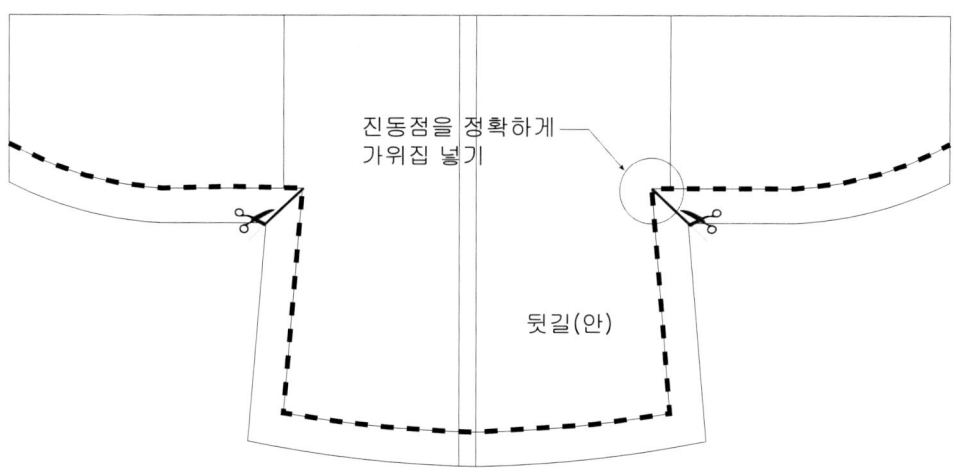

진동점을 정확하게 가위집 넣기

뒷길(안)

앞길을 뒤집어 뒷길에 끼워 넣은 후
배래와 옆선을 완성선을 잘 맞추어 4겹 바느질한다.

겨드랑이 밑은 진동점을 향해 가위집을 넣어 준다.

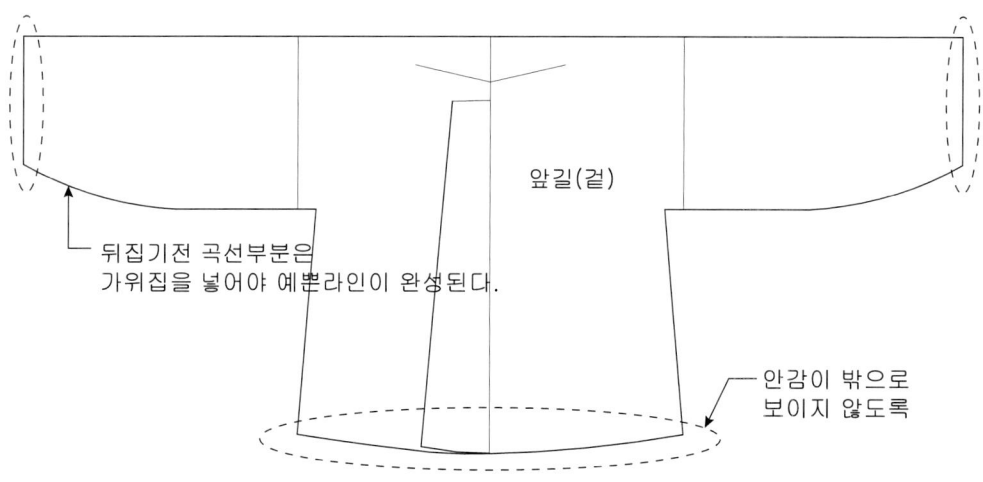

앞길(겉)

뒤집기전 곡선부분은
가위집을 넣어야 예쁜라인이 완성된다.

안감이 밖으로
보이지 않도록

겉감 고대 쪽으로 손을 넣어 뒤집은 후,
안감이 밀려 나오지 않도록 다림질한다.

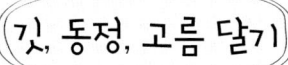 **깃, 동정, 고름 달기**

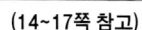 (14~17쪽 참고)

겉감 (겉)

완성선에서 0.1cm 바깥으로 홈질하여 당기고 둥근 모양으로 시접을 정리하여 다려 준다.

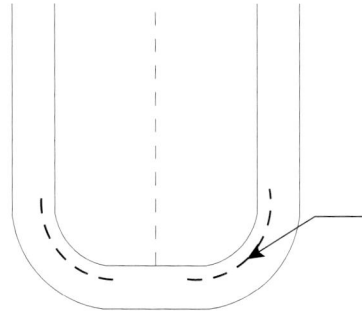

겉깃과 안깃의 겹침 부분이 뒷길 중심에 맞도록 맞추어 준다.

직선이 아닌 완만한 곡선으로 깃을 앉혀 준다.

진동점에서 수평이 되는 지점에 깃머리를 앉혀 준다.

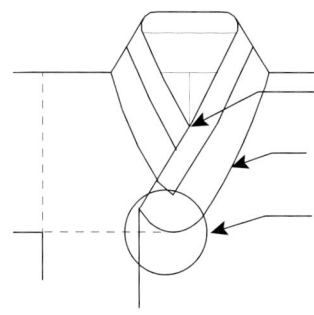

동정은 모양을 만들어 안쪽에서 홈질로 박고 뒤집어 겉감 쪽에서 공그르기한다.

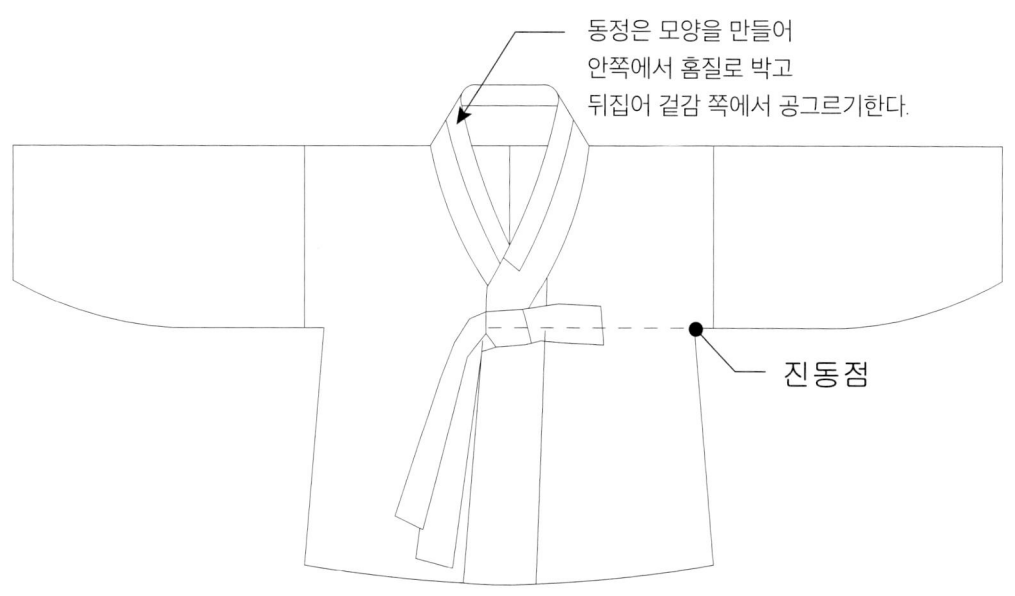

진동점

고름은 시접을 접어 공그르기로 만들어 주고 고름을 묶은 모양으로 만들어 저고리에 달아 준다.

긴 저고리와 통이 넓은 바지는
우리 옷의 기본이다.

'사폭 바지'는 좌식 문화에 적합한 형태로
대님으로 바지 부리를 묶어
활동성을 갖도록 하였다.

대개 저고리보다 짙은 색으로 하고
여름보다 겨울에 더 짙은 색을 사용하였다.

사폭 바지

식서 방향에 유의하여 마름질한다.
시접은 1cm로 마름질하고 바느질 이후에 0.5cm 이하로 마무리한다.
안감 겉감 동일하게 마름질하고 안감에서 대님만 제외한다.

(패턴 145쪽)

겉감(숙고사, 48cmX32cm), 안감(노방, 45cmX32cm)

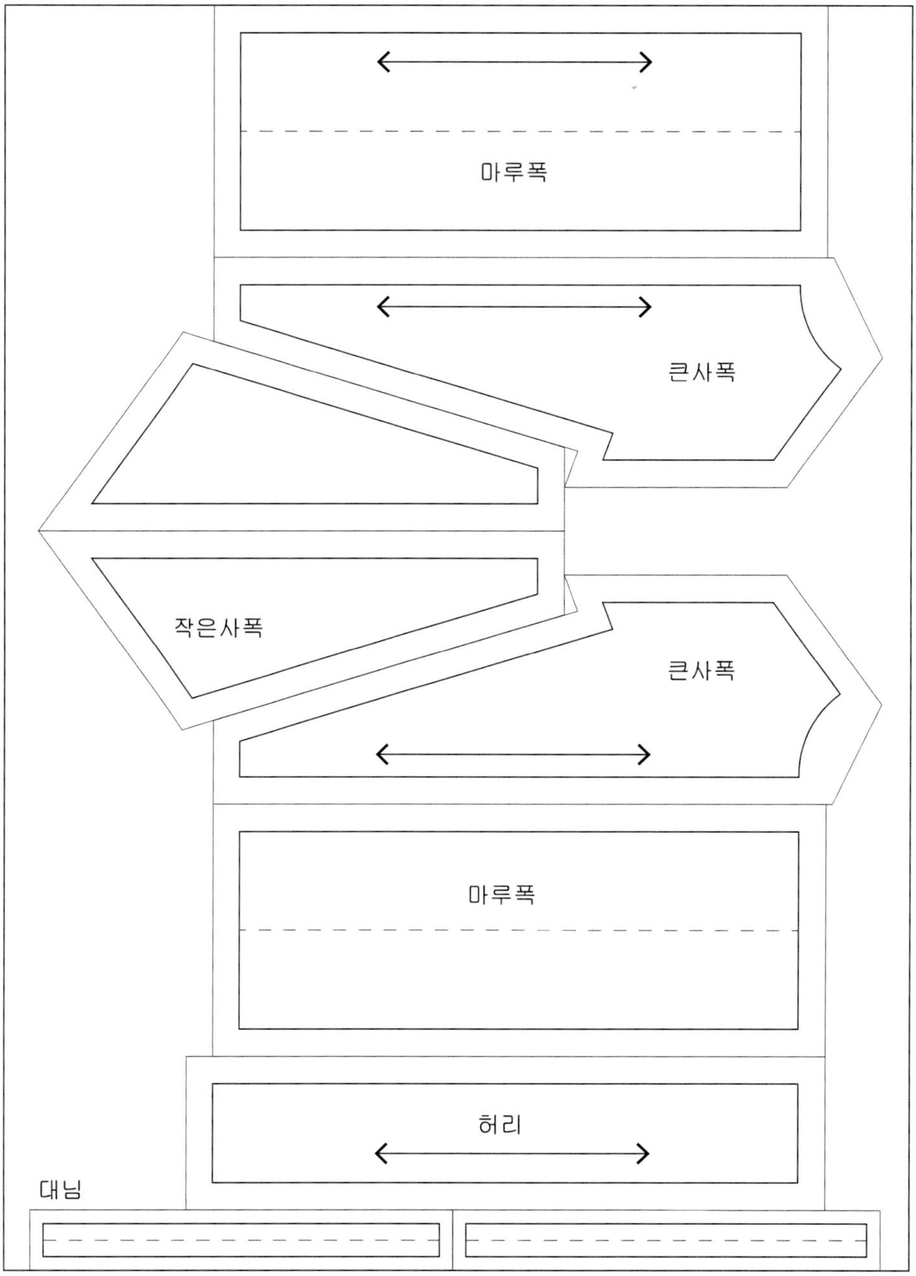

- 마루폭
- 큰사폭
- 작은사폭
- 큰사폭
- 마루폭
- 허리
- 대님

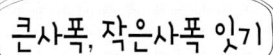 **큰사폭, 작은사폭 잇기**

시접은 큰사폭쪽으로 꺾어 다려 준다.
앞 뒤 같은 방향으로 작은 사폭이 놓이도록 2장을 만든다.

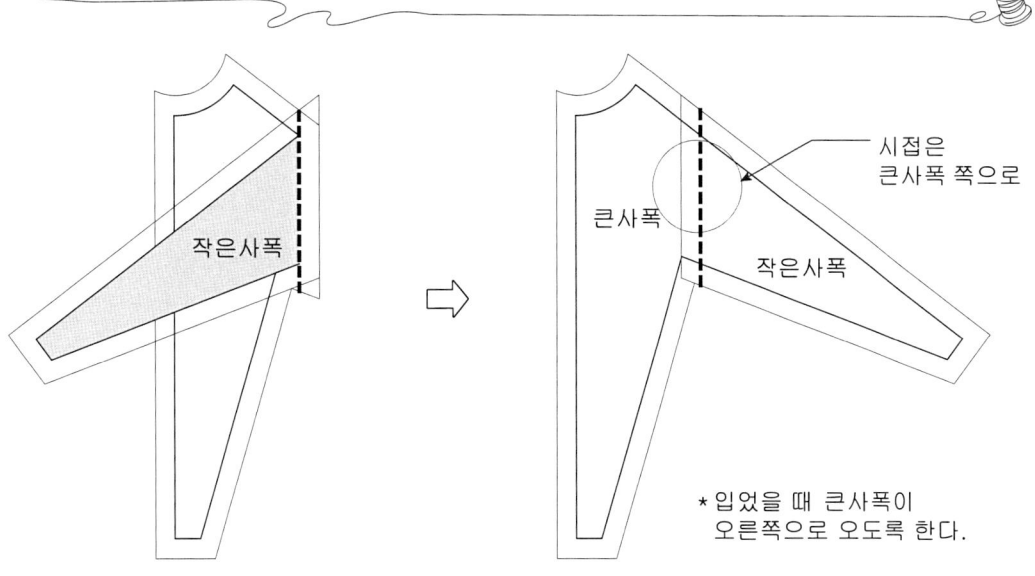

마루폭 잇기

시접은 마루폭 쪽으로 한다.
바지 뒤판도 마루폭과 연결하여 통으로 만든다.

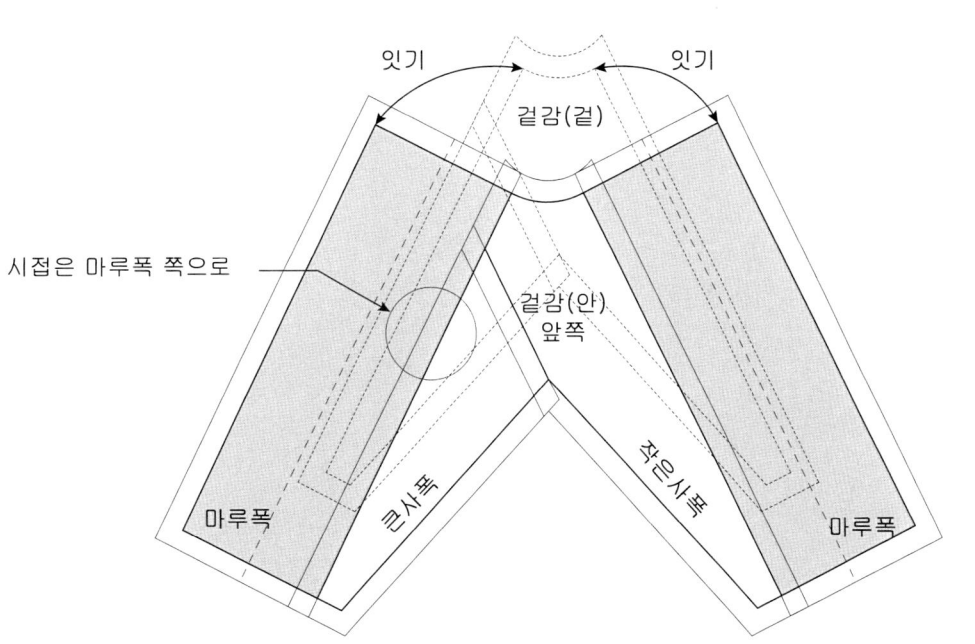

허릿단 잇기

통으로 둥글게 바느질한다.
안감에서 고무줄을 넣기 위한 창구멍을 1cm 내어 준다.

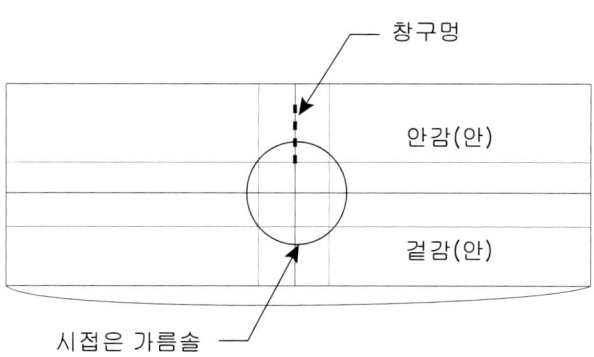

허리와 바지통 잇기

허리와 바지통의 겉과 겉이 마주 보도록
바지 속에 끼우고 바느질한다.
시접은 허리쪽으로 꺾는다.

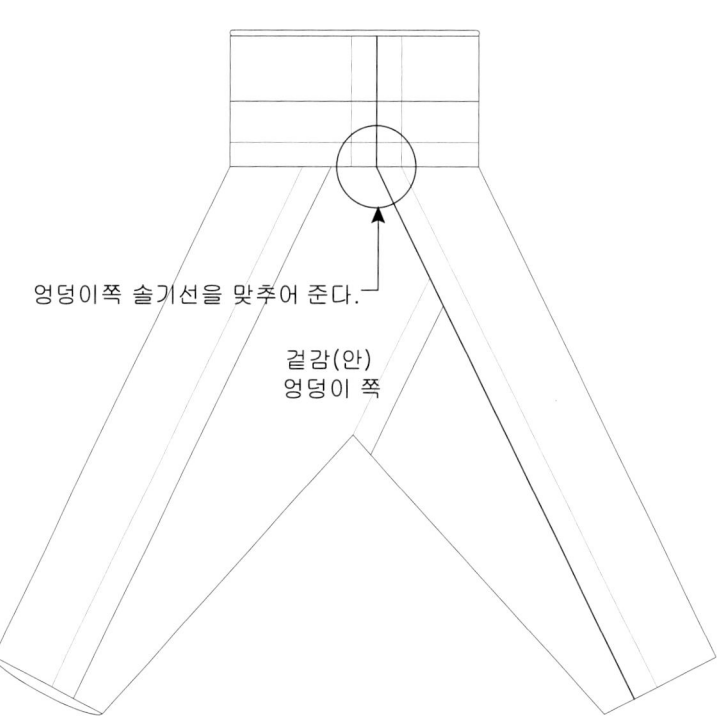

안감 만들기

겉감과 동일하게 바느질한다.
큰사폭과 마루폭 연결점에 5cm 창구멍을 남기고 바느질한다.

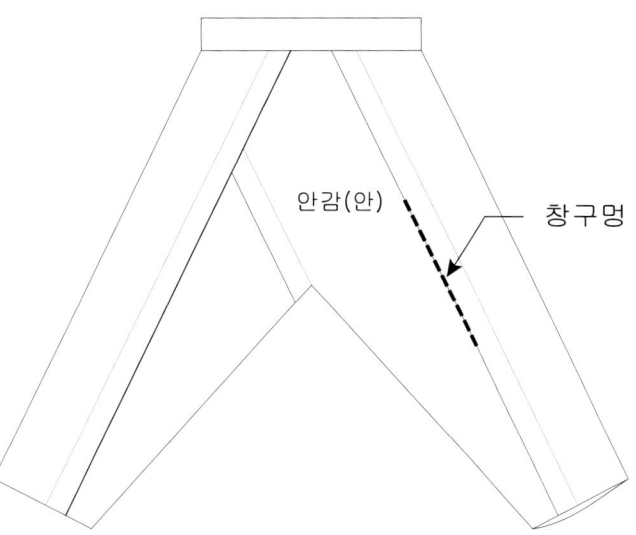

안감(안)   창구멍

안감 겉감 잇기

안감과 겉감의 겉이 마주 보도록 끼워 넣은 후
시접 부분을 맞추어 허릿단을 바느질한다.
안감을 밖으로 꺼내어 펼쳐 놓는다.

바지 부리 완성선

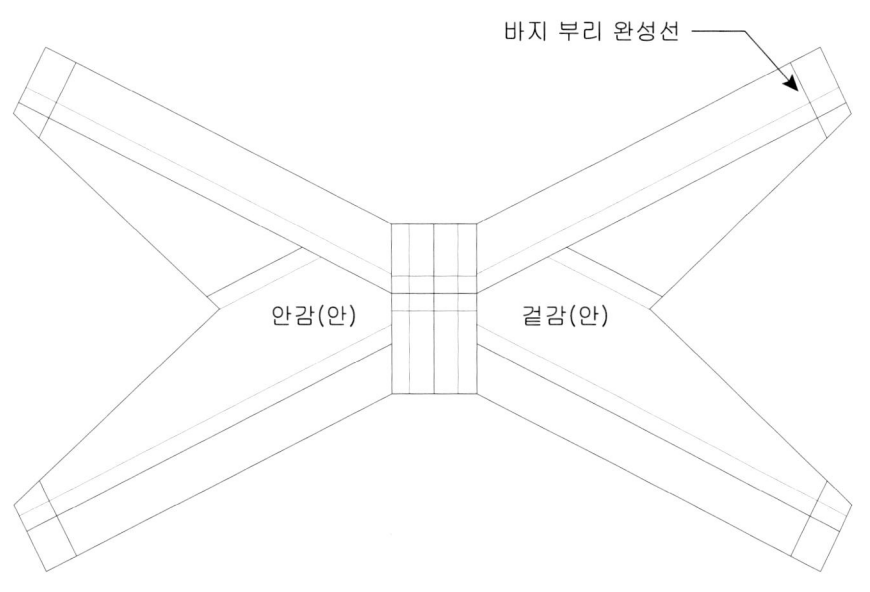

안감(안)   겉감(안)

바지 부리 박기

안으로 뒤집어 반으로 접은 후 겉과 겉을 마주 보게 하여 바지 부리를 박고 다시 접어 4겹을 만든다.

반으로 접기

4겹 박기

4겹을 맞추어 배래를 박아 준다.

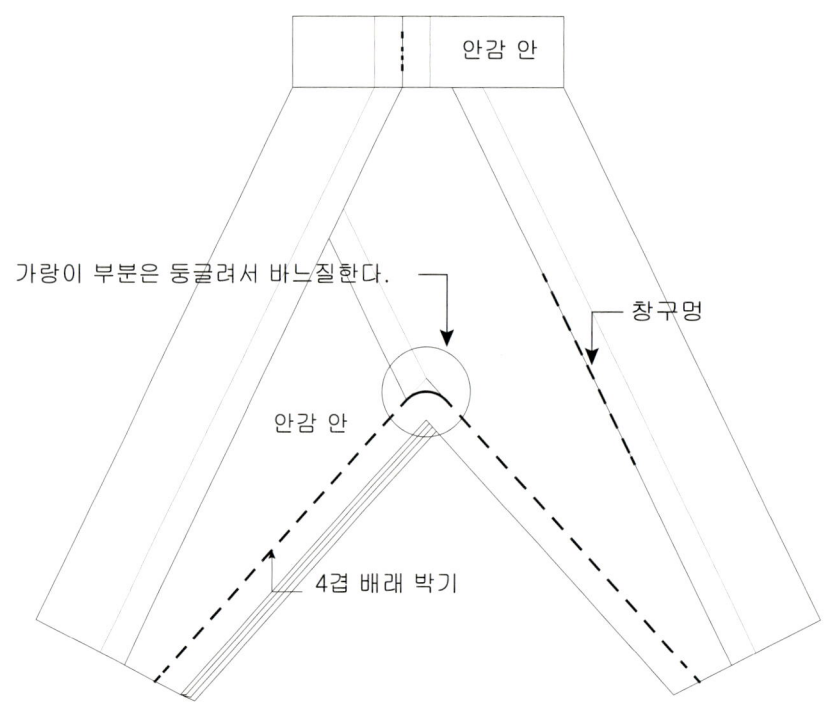

안감 안

가랑이 부분은 둥글려서 바느질한다.

창구멍

안감 안

4겹 배래 박기

창구멍으로 뒤집고 공그르기로 막아 준다.

세땀상침하기 겉감 겉에서 바늘땀이 보이도록 1cm 간격을 띄워 세땀상침한다.

허리에 고무줄 넣기 창구멍으로 고무줄을 넣고 고정시킨다.
허리끈을 만들어 허리에 묶어 주어도 좋다.

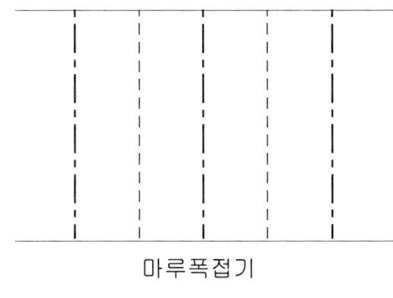
마루폭접기

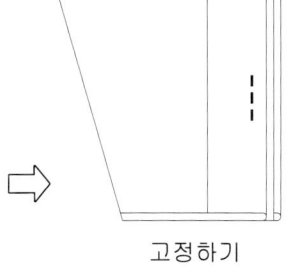
고정하기

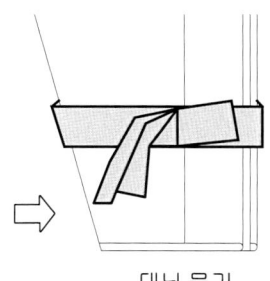
대님 묶기

대님 묶기 대님을 만들고 바지 부리를 접어 고정해 주고,
대님의 매듭이 앞으로 오도록 묶어 준다.

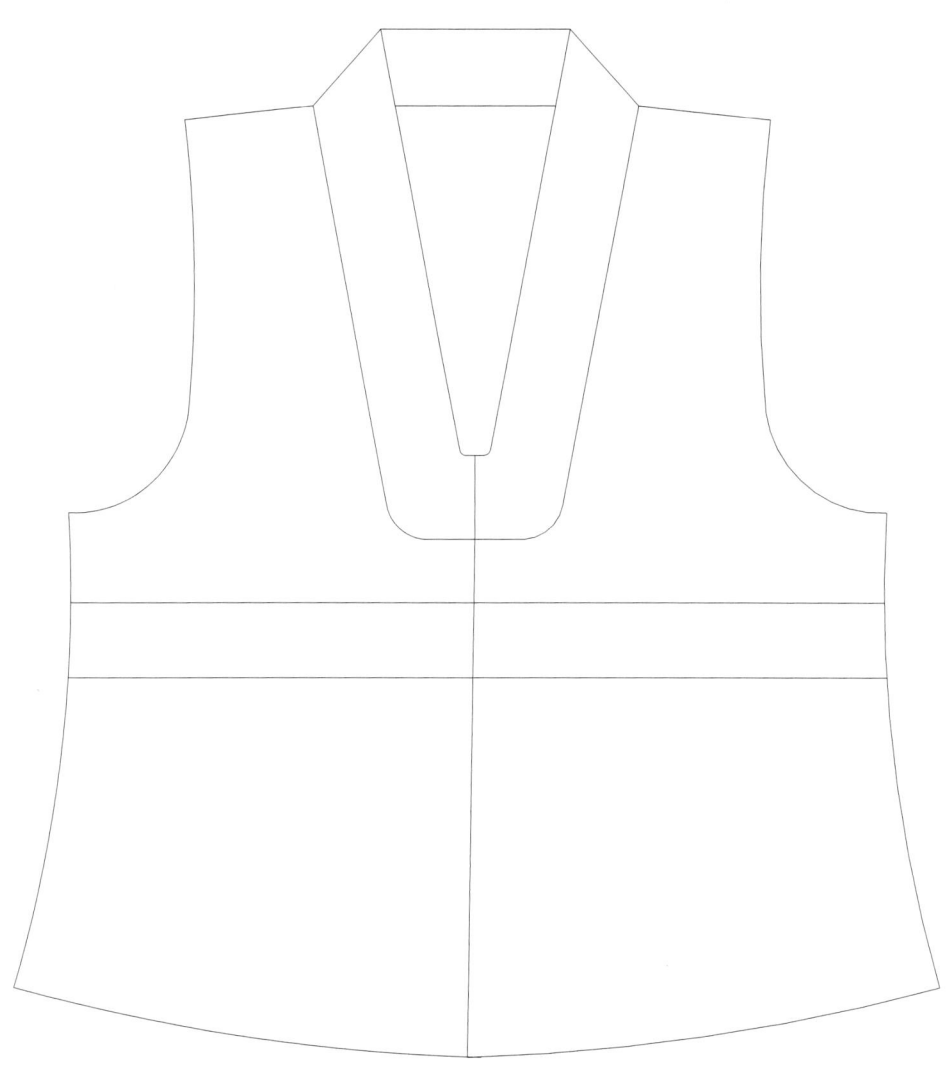

'배자'는 저고리 위에 덧입는 상의로
소매와 섶, 고름이 없고
깃은 좌우 모양이 같아 마주 닿게 입는 옷이다.

여자의 배자는 고름 없이 마주 닿게 입고,
남자의 배자는 겨드랑이 밑에 끈을 달아 여며 입었다.

겨울에는 털이나 융을 안에 대어 방한용으로,
여름에는 모시나 삼베로 얇게 지어 입기도 하였다.

배자

 겉감과 안감을 동일하게 마름질하고, 허리띠는 다른 색 원단에 마름질한다. 시접은 1cm로 한다.

(패턴 146쪽)

겉감(사, 핑크, 18cmX32cm), 안감(노방, 핑크, 18cmX32cm)

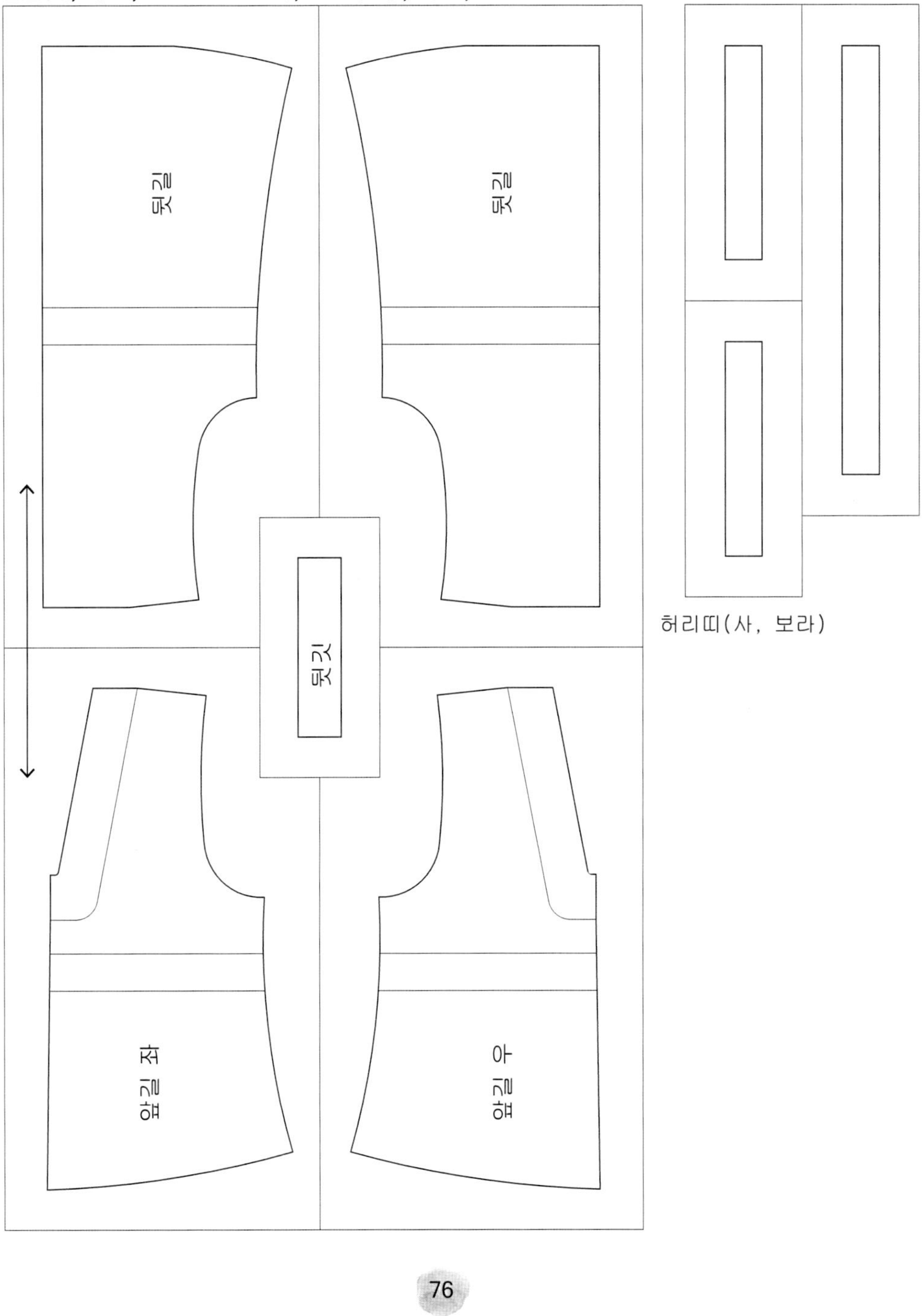

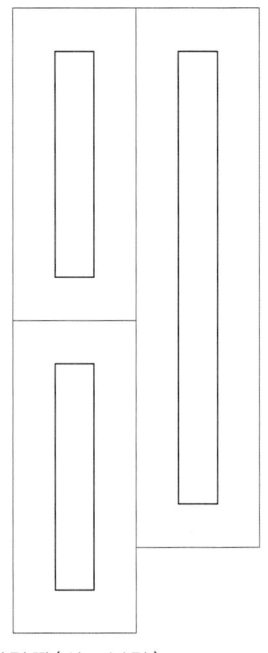

허리띠(사, 보라)

등솔 박기

등솔 시접은 입어서 오른쪽으로 가도록 꺾는다.

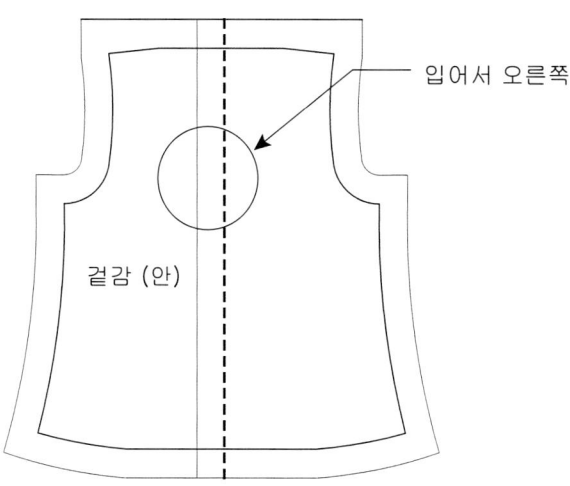

허리띠 붙이기

표시된 선에 허리띠 시접을 접어 시침 감침질 한 후, 뒤집어서 홈질한다. 반대쪽 시접을 접어 넣어 겉감 쪽에서 공그르기로 바느질해 준다.

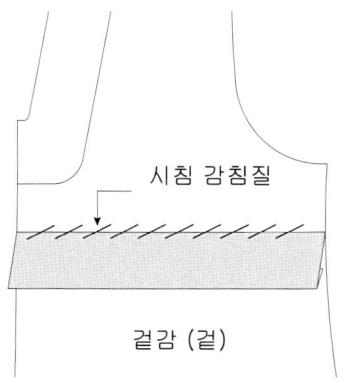
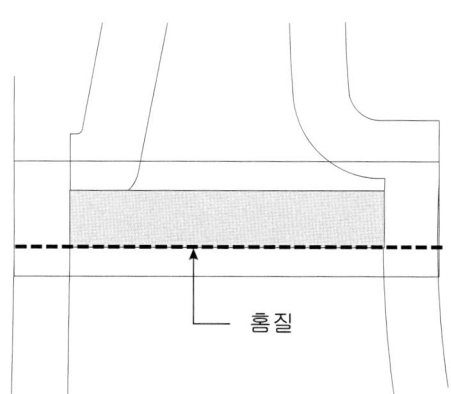

깃 만들기

앞길의 안쪽에서 깃의 모양대로 접어
0.1cm 두께로 곱게 홈질(꼬집기)하고
시접은 깃 방향으로 다림질해서 모양을 잡는다.

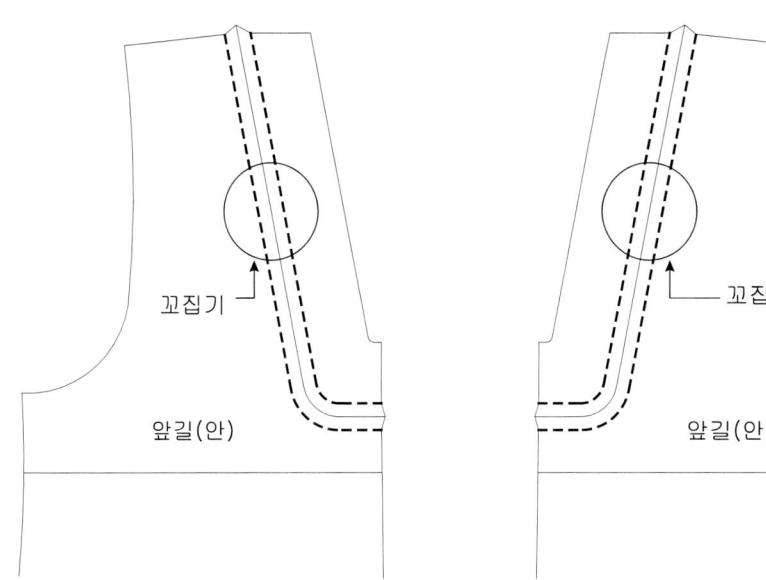

어깨솔 잇기

앞길과 뒷길의 겉끼리 마주 닿게 하여 어깨를 이어 준다.
솔기는 가름솔로 한다.

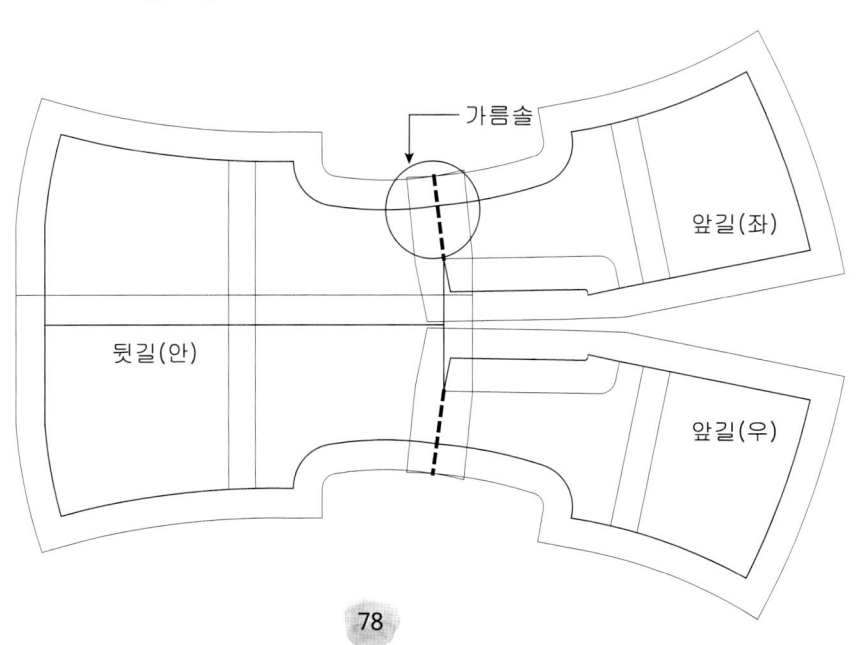

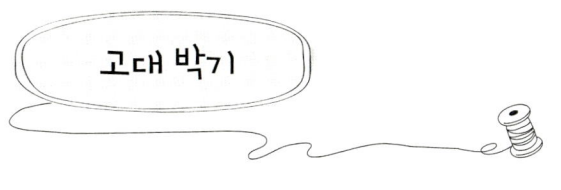

뒷고대와 앞길의 깃 부분을 연결하여 깃을 만들어 준다.

뒷고대를 뒷길에 잇는다.

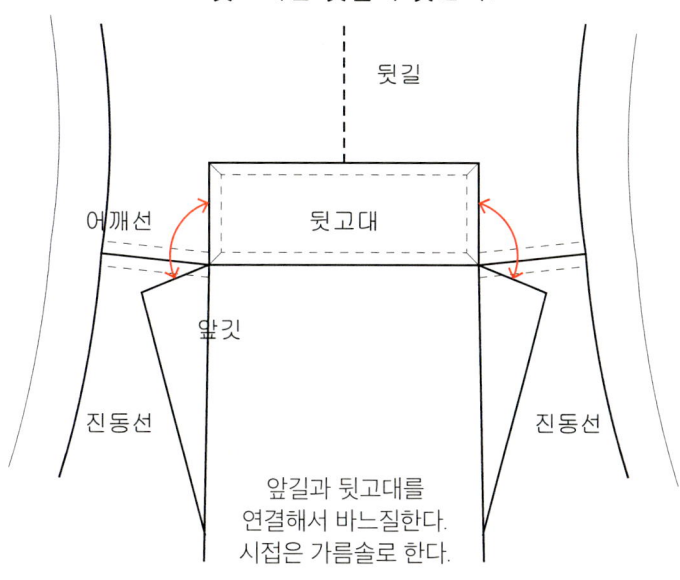

앞길과 뒷고대를
연결해서 바느질한다.
시접은 가름솔로 한다.

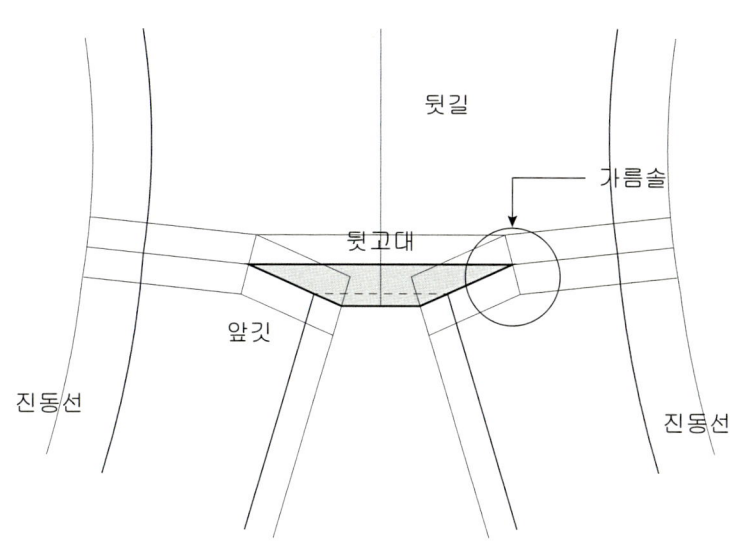

안감도 겉감과 동일하게 뒷고대를 연결하여 박아 준다.

단추 자리 잡기 여밈 부분에 매듭단추 걸이와 매듭단추의 위치를 잡아 준다.

2겹 박기 도련선을 따라 2겹 바느질한다.

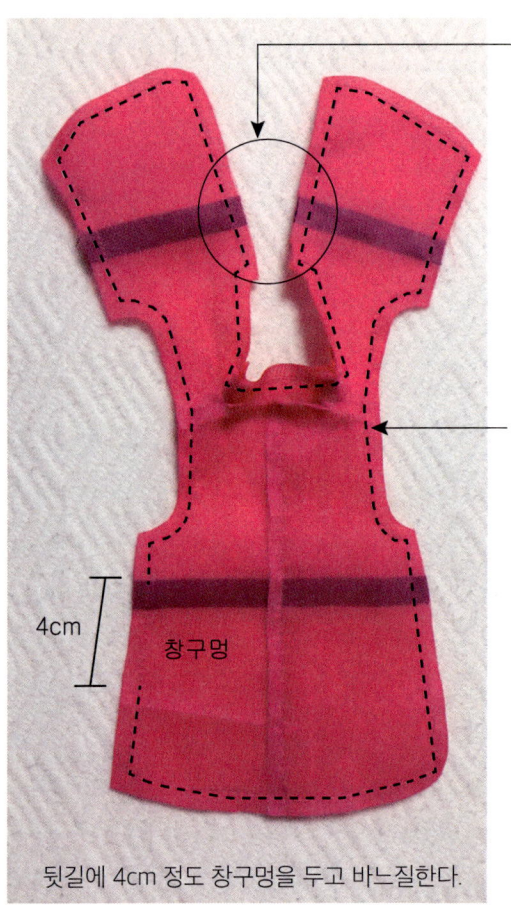

위치를 잡은 단추 고리와 매듭단추 부분은 박음질로 단단히 고정한다.

겉감의 겉과 안감의 겉을 마주 닿게 도련선을 박는다.

4cm 창구멍

뒷길에 4cm 정도 창구멍을 두고 바느질한다.

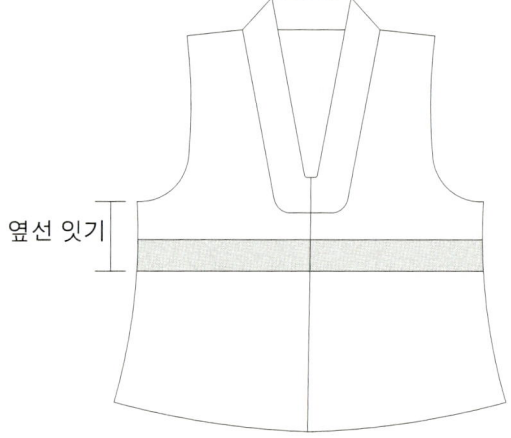

옆선 잇기

옆선 잇기 창구멍을 통해 뒤집어서 다림질한 다음, 옆선을 진동점에서부터 허리띠 선까지 안감, 겉감 2번 공그르기 해 준다.

'전복'은 조선 시대 무관들이 입던 무복으로
대금에 옷깃이 달리지 않은 둥근형이나 V자형의 옷이고
어깨가 넓고 뒤트임과 앞트임이 있다.

오늘날에는 남자아이의 돌 옷이나 명절옷으로 입는다.

비슷한 옷으로 '쾌자'와 '답호'가 있는데
쾌자는 둥근 옷깃으로
전복에 비해 어깨가 좁은 형태이고
답호는 깃과 반소매가 있는
두루마기 형태의 웃옷이다.

전복

 겉감과 안감을 동일하게 마름질하고 시접은 1cm로 한다.

(패턴 149쪽)

겉감(생고사, 청색, 48cmX25cm), 안감(노방, 검정, 48cmX25cm)

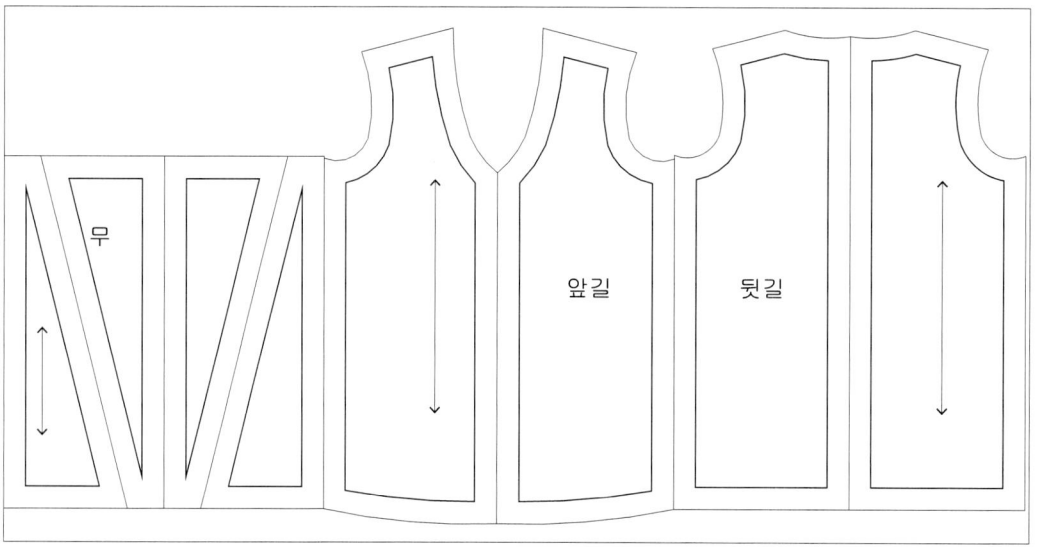

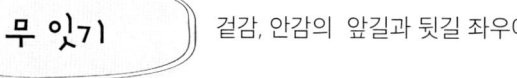 겉감, 안감의 앞길과 뒷길 좌우에 무를 연결한다.

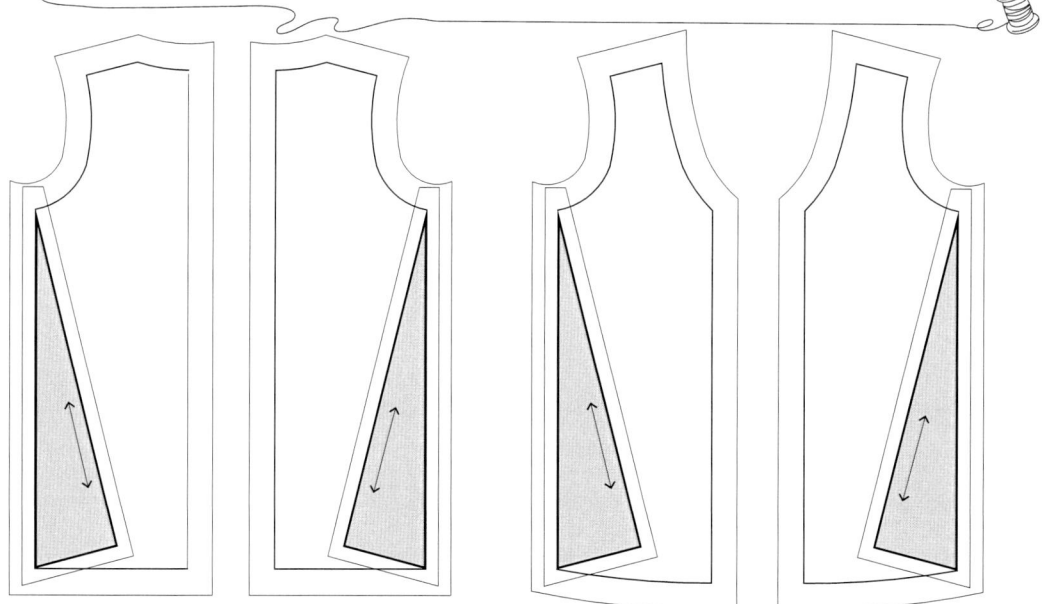

무의 식서 방향에 유의한다.

앞길 만들기

안감과 겉감의 겉끼리 마주 댄 후, 어깨와 창구멍을 제외하고 바느질한다.

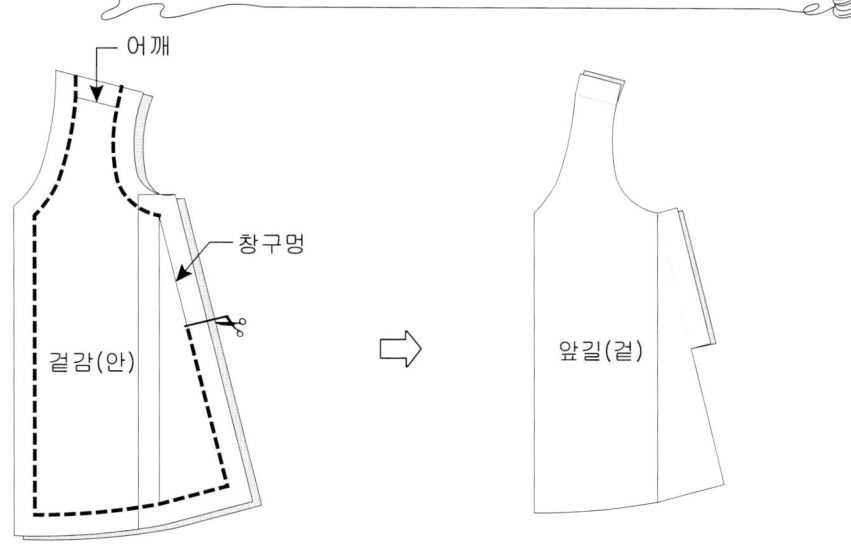

창구멍의 시접에 가위집을 넣어 준다.

창구멍으로 뒤집어 다림질한다.

뒷길 만들기

무를 연결한 겉감 뒷길 2장을 겉끼리 마주 댄 후, 등솔 부분을 뒷트임 전까지 바느질한다.

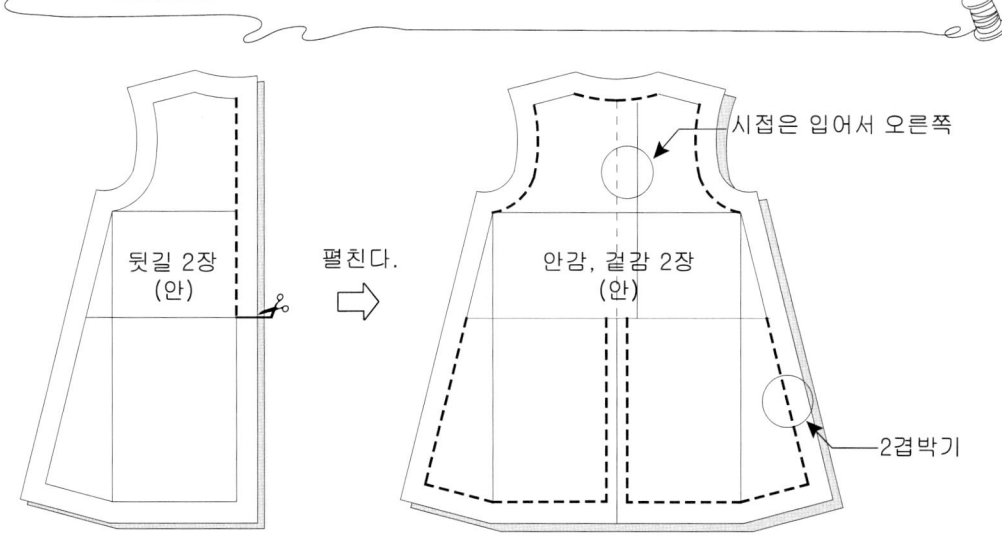

뒷트임 부분에 가위집을 넣어 준다.
안감도 겉감과 같은 방법으로 바느질해 안감, 겉감 2장을 만든다.
안감과 겉감을 겉끼리 마주 댄 후, 어깨와 창구멍을 제외한 부분을 바느질한다.

뒷길속으로 완성된 앞길을 집어넣어 어깨선과 옆선을 맞추어 준다.
안감, 겉감이 같은 방향으로 오도록 넣는다.

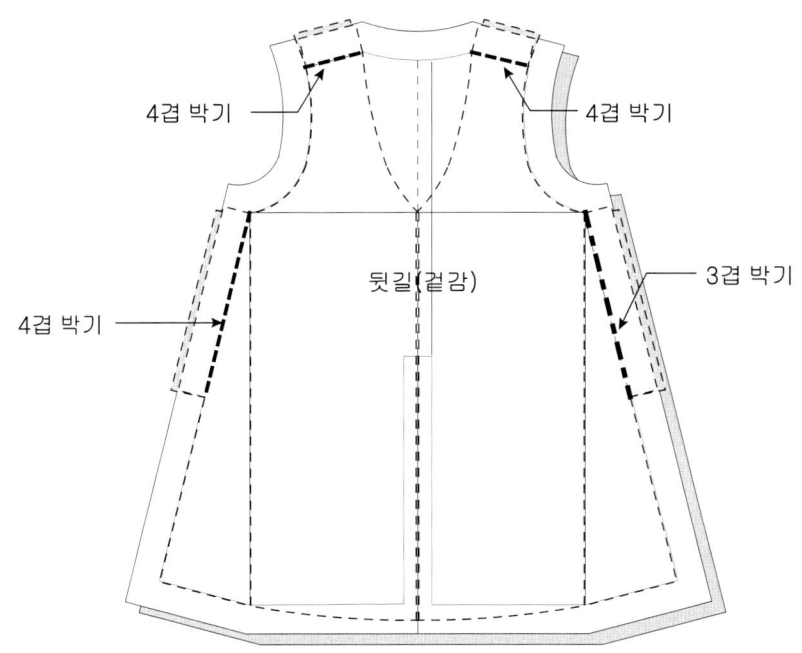

어깨선과 한쪽 옆선은 4겹 박기 하고
나머지 한쪽 옆선은 안감 쪽 1겹을 제외한 3겹 박기 하여 창구멍을 만든다.
창구멍으로 뒤집어서 다린 후, 공그르기로 막아 준다.

금박 박기

금박을 곡선 부분에 유의하여 올려놓고
낮은 온도의 다리미로 눌러 준다.

끈걸이

끈 걸이 만들기

좌우 옆선에 끈 걸이를 만들어 준다.
세세사와 미니 태슬을 이용해 끈을 만들어
허리를 장식하여 준다.

'까치두루마기'는
'오방장두루마기'라고도 불린다.

소매 부분을 밝고 고운색으로 만든다.
우주 삼라만상이 가진
모든 아름다운 색을 모아
길상의 기를 받고,
인간이 염원하는
장수, 권세, 부귀영화를 염원하면서
아기들에게 만들어 입혔다.

까치의 이름을 붙여,
길조인 까치를 연상하게 했다.

까치두루마기

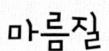

마름질

길은 연두색 겉감에, 무는 자주색, 깃과 끝동(2장), 허리띠는 자주색 또는 남색, 색동은 색상별로 2장씩, 겉섶은 노란색 옷감에 안섶은 분홍색 옷감에 마름질한다. 안감은 통으로 마름질한다.

(패턴 146, 147쪽)

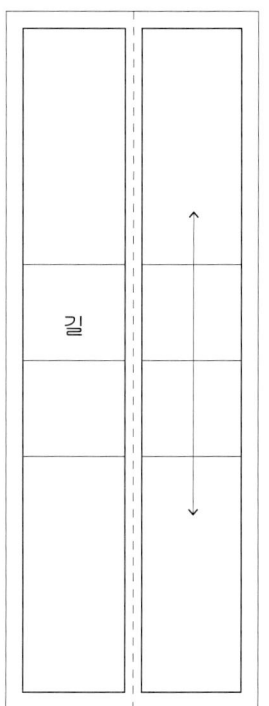

안감(노방, 홍색, 38cmX40cm)

겉감(숙고사, 연두, 15cmX40cm)

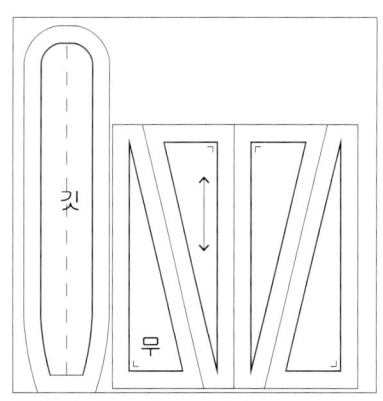

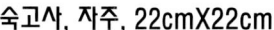

숙고사, 자주, 22cmX22cm

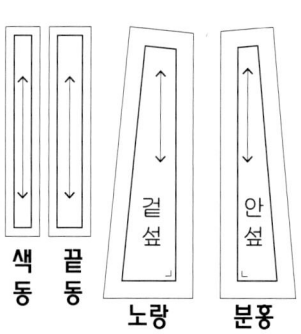

등솔 박기

뒷길 중심선을 고운 홈질하고 시접은 입어서 오른쪽으로 가도록 꺾는다. 앞길은 고대점에서 0.5cm 지점까지 가위집을 넣고, 좌우로 갈라놓는다.

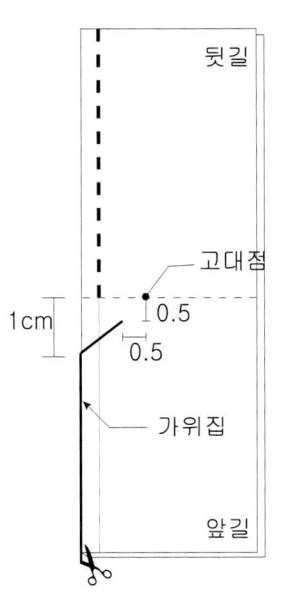

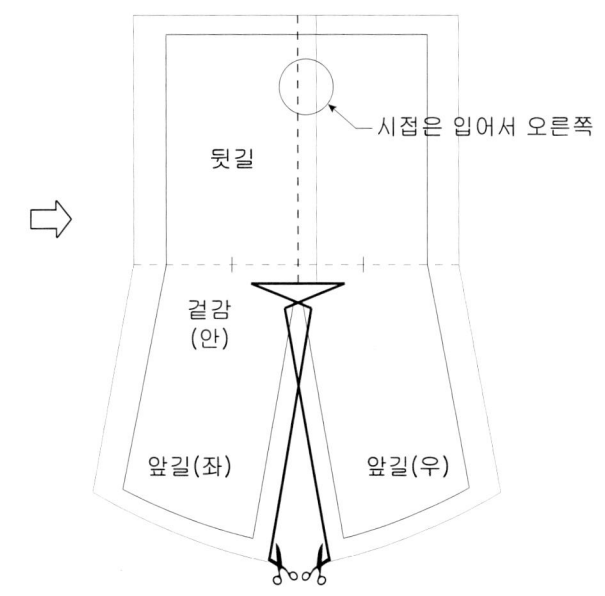

섶 달기

겉섶은 앞길(좌)에 안섶은 앞길(우)에 연결한다.

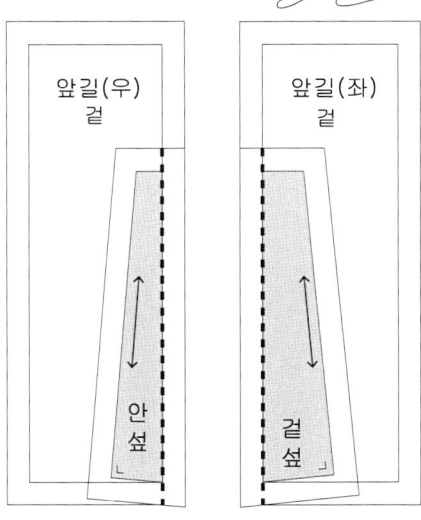

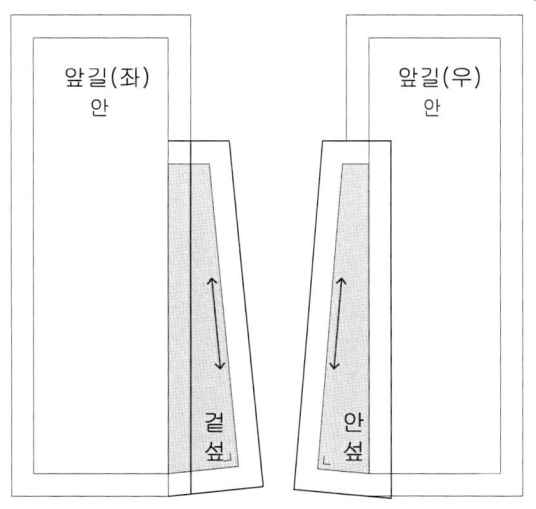

시접은 겉섶은 섶 쪽으로
안섶은 길 쪽으로 꺾어 다림질한다.

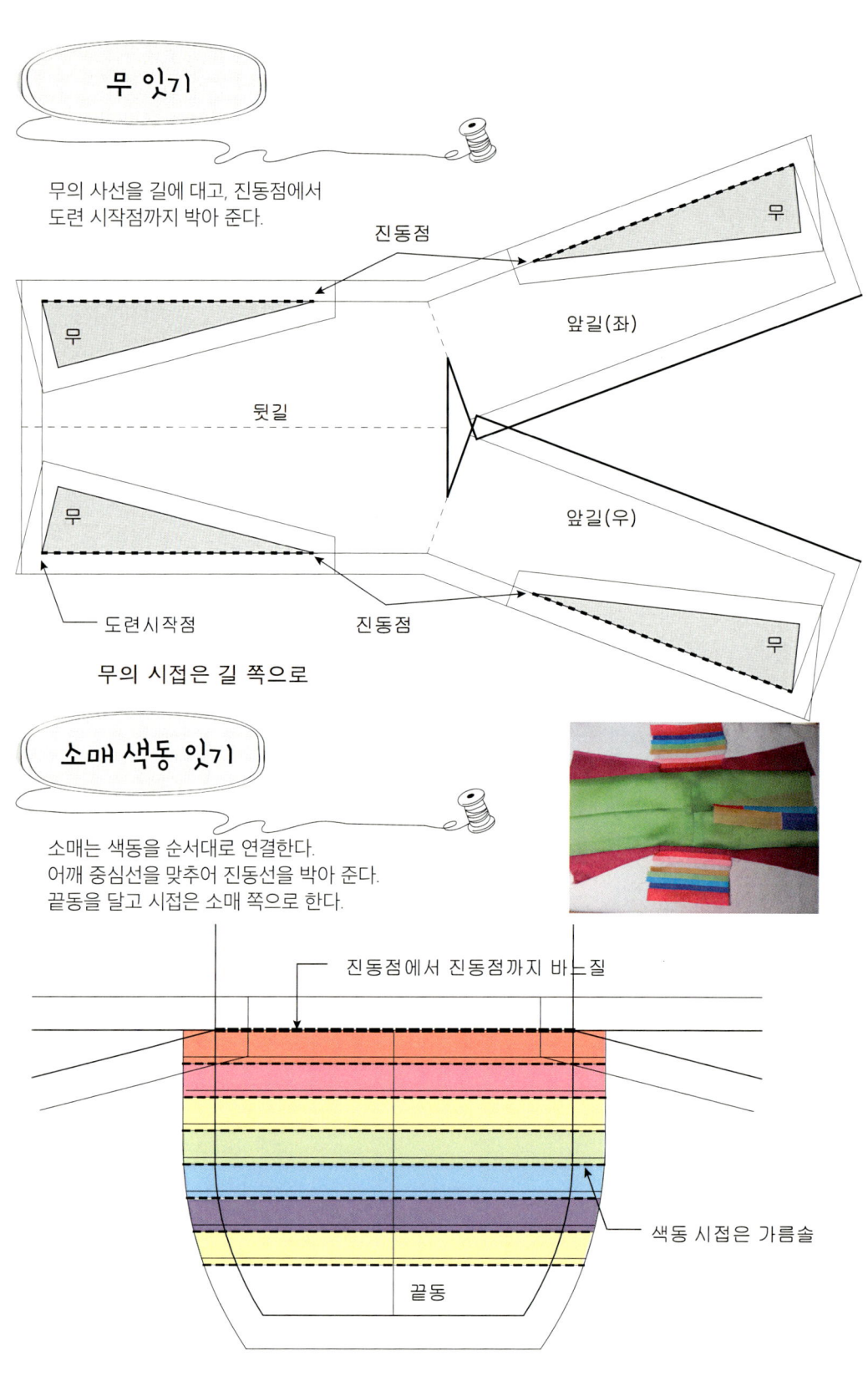

안감 만들기

전체를 통으로 마름질하여 등솔만 박아 시접을 정리해 준다.

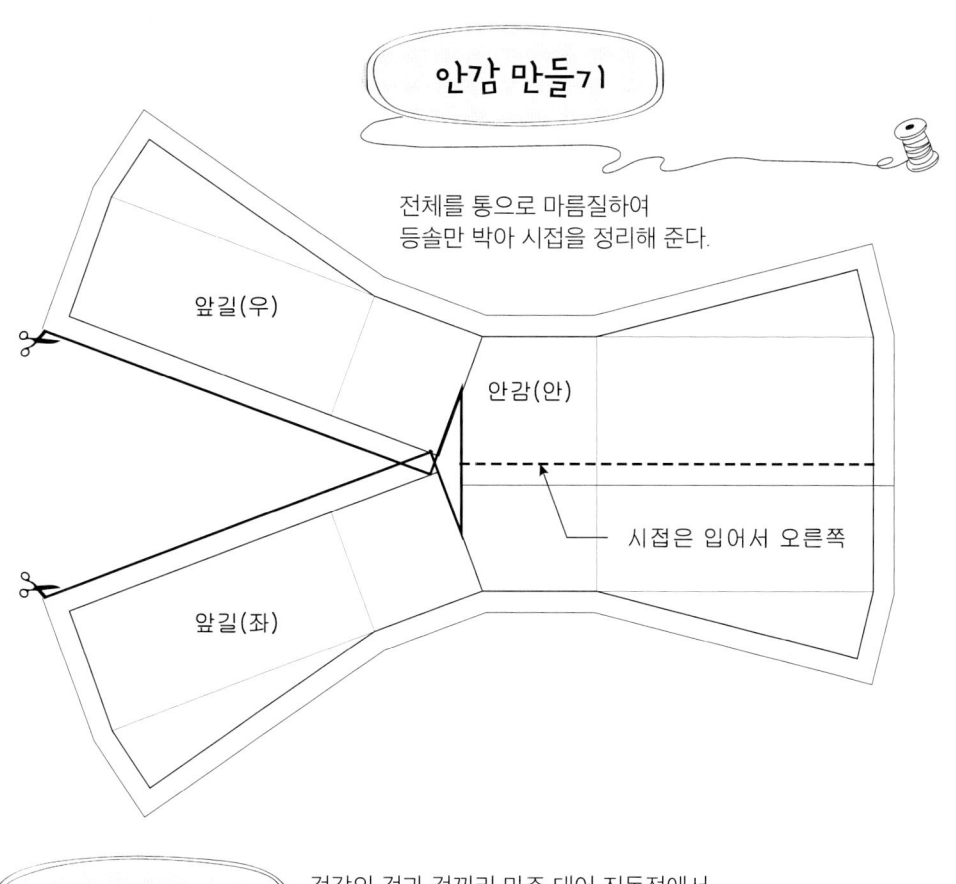

시접은 입어서 오른쪽

2겹 박기

겉감의 겉과 겉끼리 마주 대어 진동점에서 도련 시작점까지 박고, 시접은 뒷길 쪽으로 꺾어 준다.

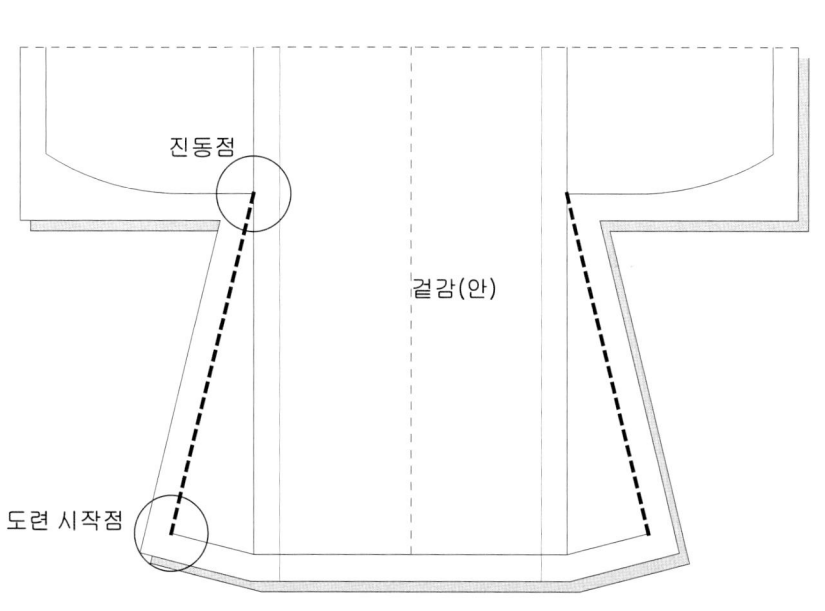

2겹 박기

겉감 겉과 안감 겉이 마주 보도록 안감을 겉감 안에 끼워 넣은 후 시침을 한다.
'겉섶 - 앞도련(좌) - 뒷도련 - 앞도련(우) - 안섶'까지 바느질한다.

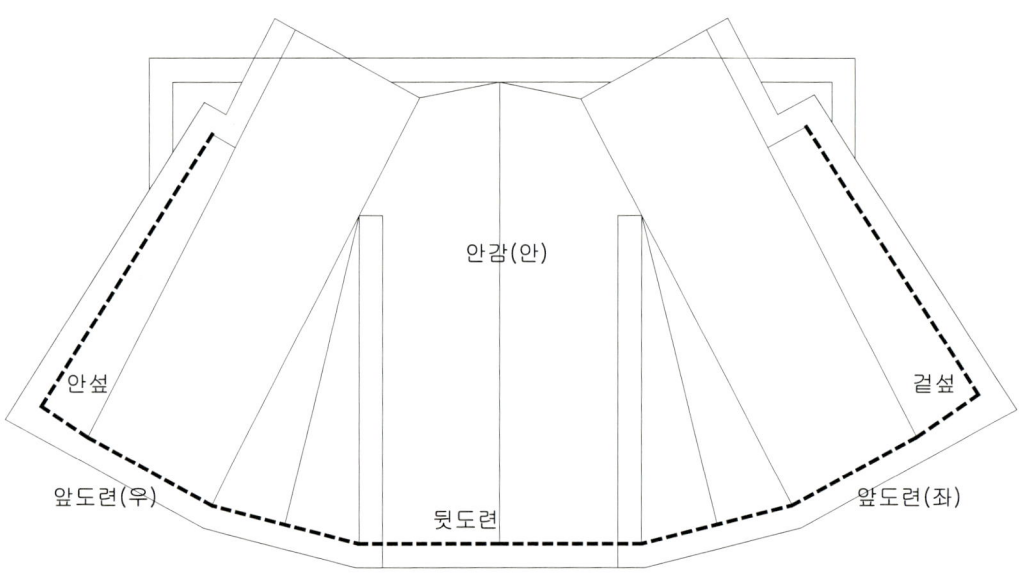

수구 박기

안감을 꺼내어 수구를 겉끼리 마주 대고 박아 준다.

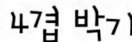 **4겹 박기**

안감과 안감, 겉감과 겉감을 4겹이 되도록 정리한 후 4겹 배래 박기 한다.

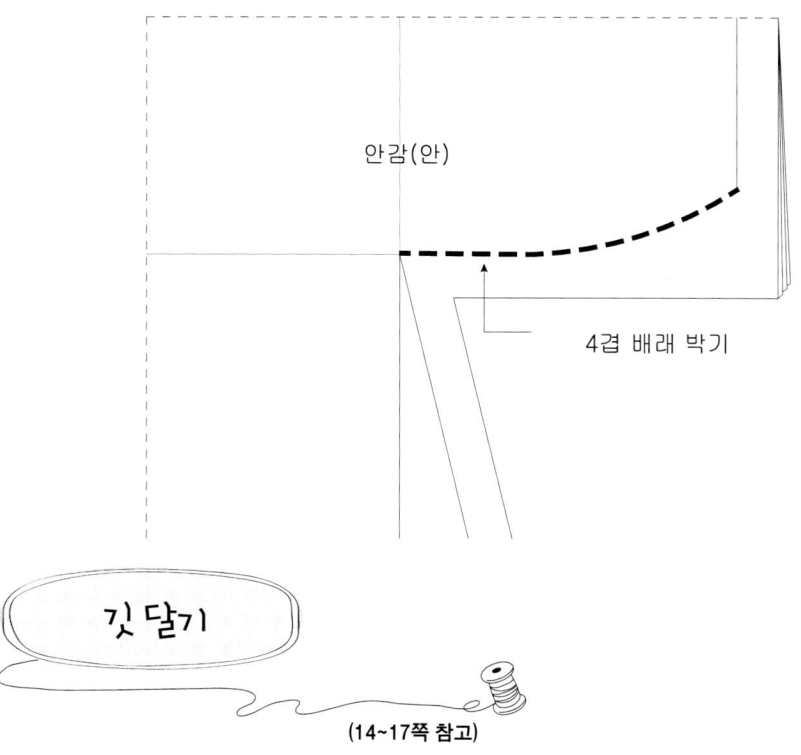

 깃 달기

(14~17쪽 참고)

'앞길 좌 - 고대 - 앞길 우'의 순서대로 깃을 길에 대고 핀시침 후 실시침으로 고정한 뒤, 안쪽에서 홈질한다.

 **동정 달기**

동정 모양을 만들어 깃 너비만큼 띄워서 0.5cm 너비로 달아 준다.

 고름 달기

긴 고름(1cm×45cm)을 만들어 두루마기의 허리에 두른 후 모양을 잡아 고정시켜 준다.

'원삼'은 왕비 이하의 내명부, 외명부들의 예복이다.

왕실에서는 소례복으로
외명부들은 대례복으로 입었다.

원삼은 지위에 따라
색과 금박 무늬를 달리해서 입었는데

황후는 황원삼(용문-5조룡)에
용문의 대란치마를,

왕비는 홍원삼(용문-4조룡)에
봉황문의 대란치마를 입었고

비빈은 자적원삼(수복문, 봉황문)

공주, 옹주, 반가부녀는 녹원삼(화문)을 입었다.

원삼

그림과 같이 안감과 겉감을 마름질한다.

(패턴 150쪽)

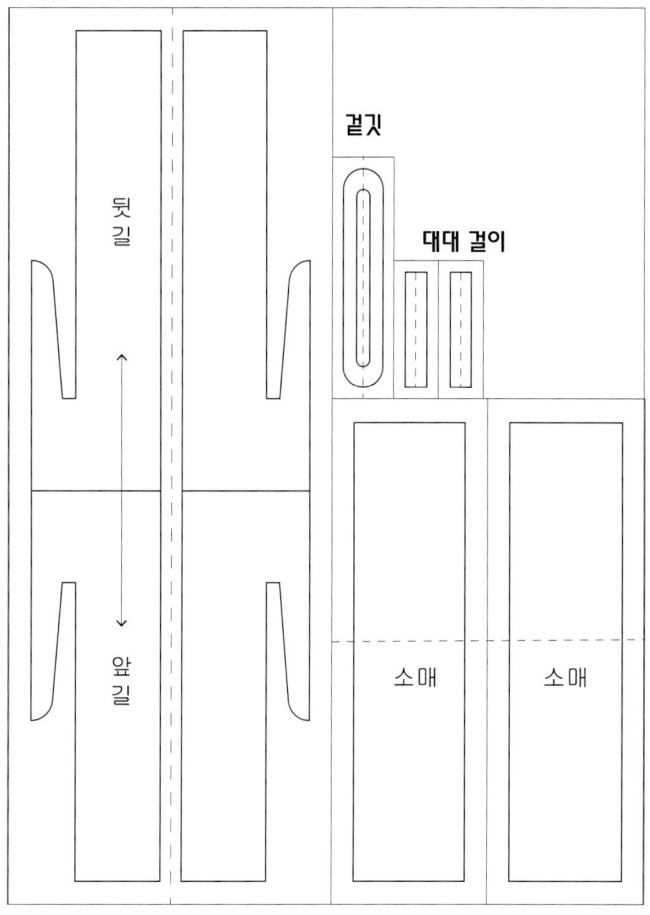

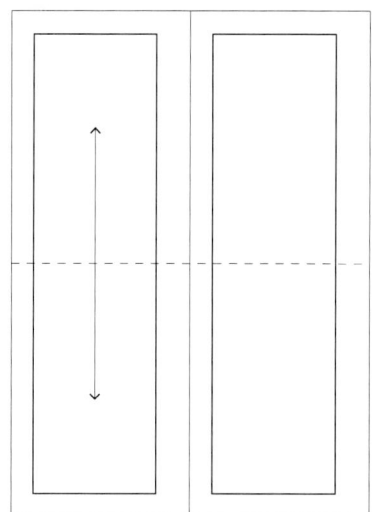

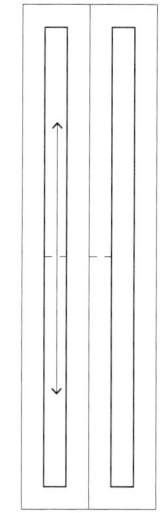

식서 방향에 유의하여 마름질한다.
시접은 1cm로 마름질한다.
한삼의 경우 소매 끝부분의 시접은 2cm로 한다.

안감(숙고사, 홍색, 35cm×45cm)

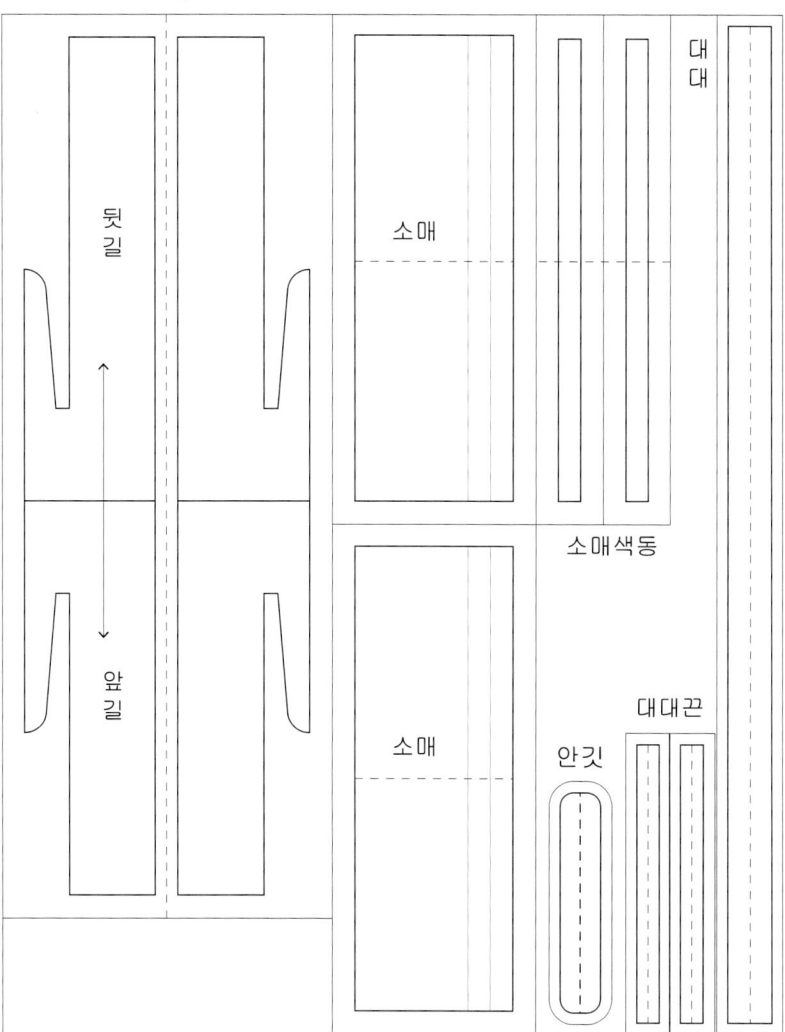

단(숙고사, 청색, 2×20cm 14장, 2.5×5cm 8장)

등솔 박기

뒷길 중심선을 고운 홈질하고 시접은 입어서 오른쪽으로 가도록 꺾는다.
앞길은 고대점에서 0.5cm 지점까지 가위집을 넣고, 좌우로 갈라놓는다.

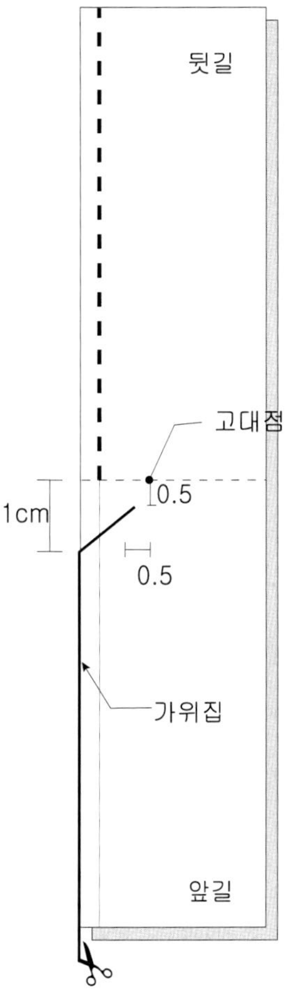

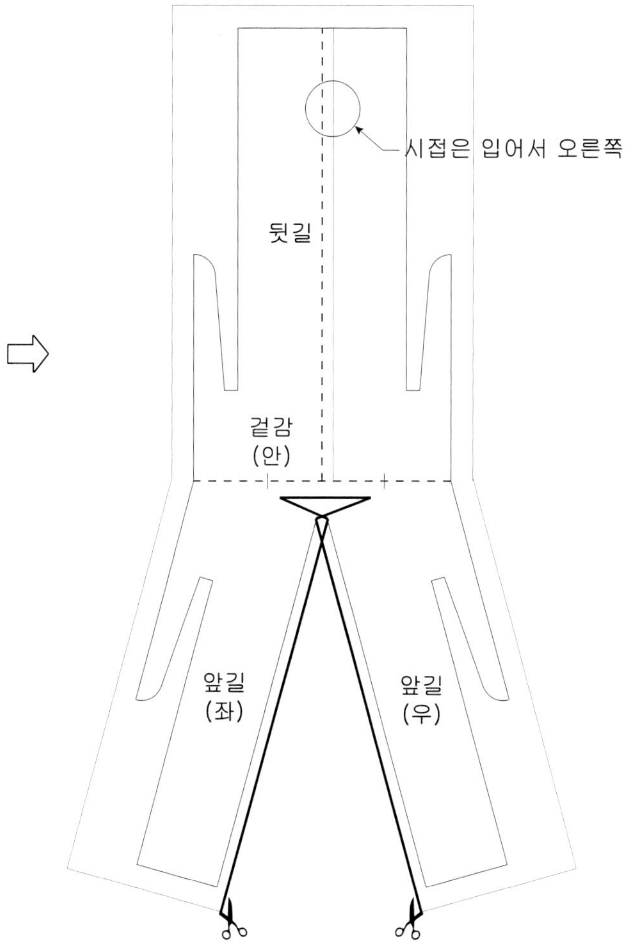

안감 만들기

99쪽의 안감 그림대로 마름질하여 등솔을 바느질한다.
앞 솔기는 가위로 잘라 갈라 주고 등솔의 시접은 입어서 오른쪽으로 눌러 다려 준다.

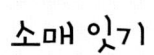 **소매 잇기** '소매 - 홍색 - 황색 - 한삼' 순으로 연결한다.

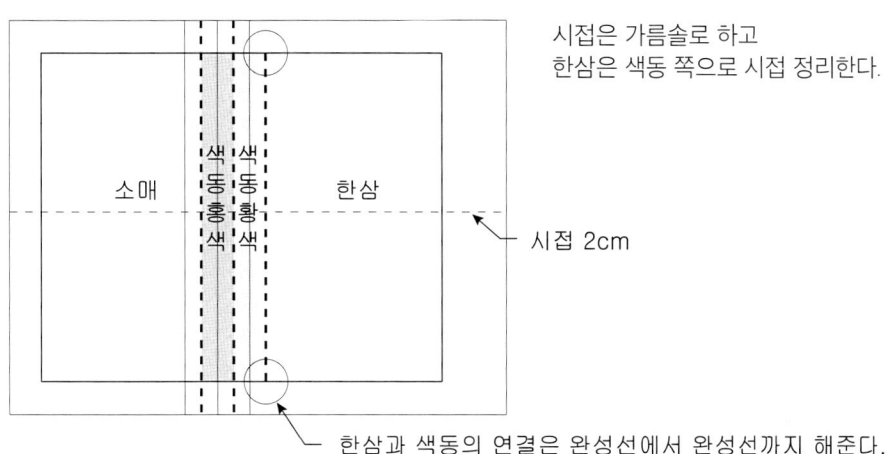

시접은 가름솔로 하고
한삼은 색동 쪽으로 시접 정리한다.

시접 2cm

한삼과 색동의 연결은 완성선에서 완성선까지 해준다.

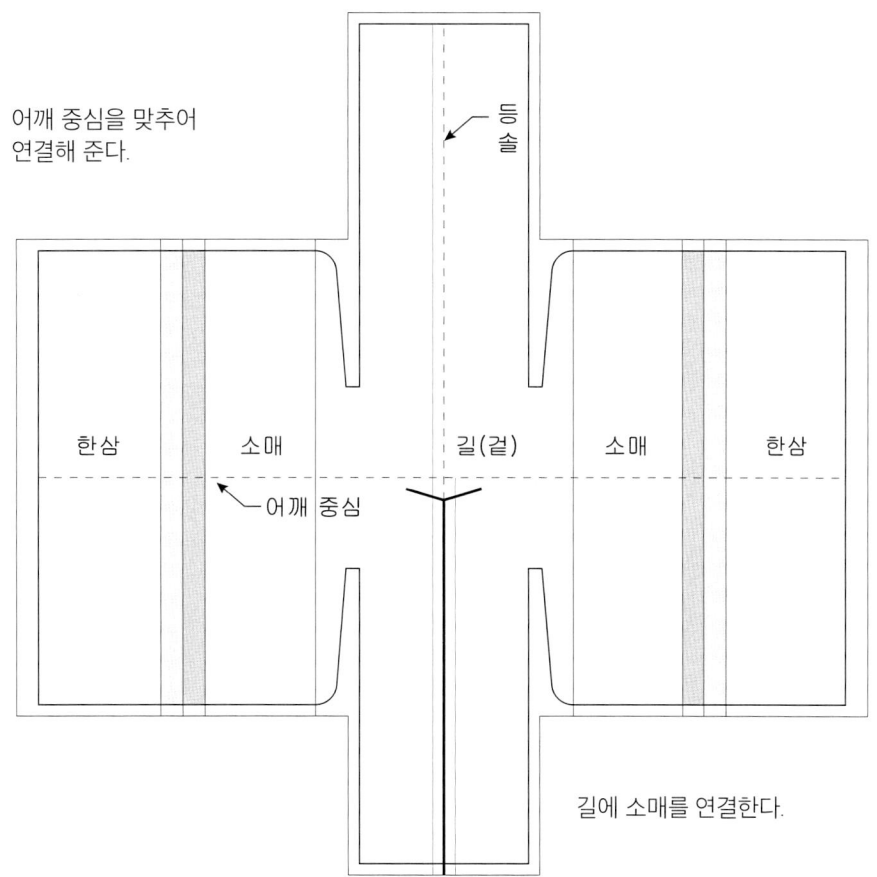

어깨 중심을 맞추어
연결해 준다.

길에 소매를 연결한다.

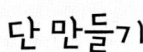 **단 만들기** 재단한 단을 그림과 같은 형태로 4쌍 만들어 준다.

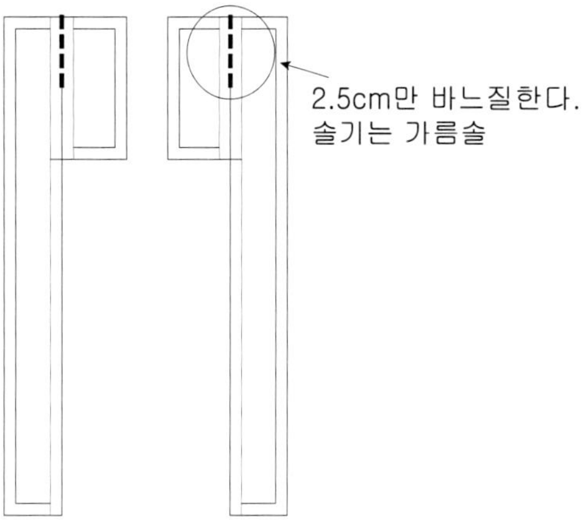

2.5cm만 바느질한다.
솔기는 가름솔

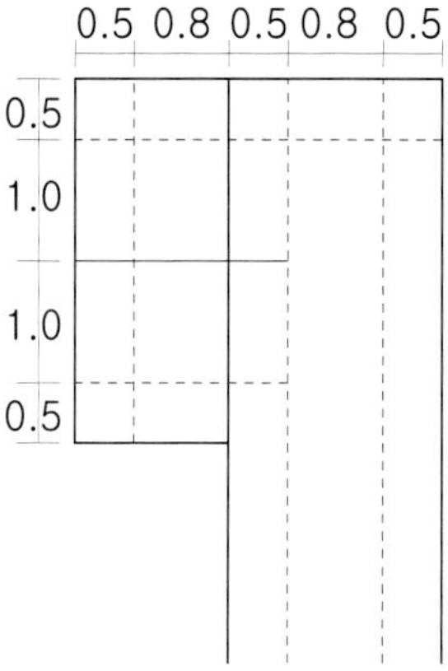

0.5 0.8 0.5 0.8 0.5
0.5
1.0
1.0
0.5

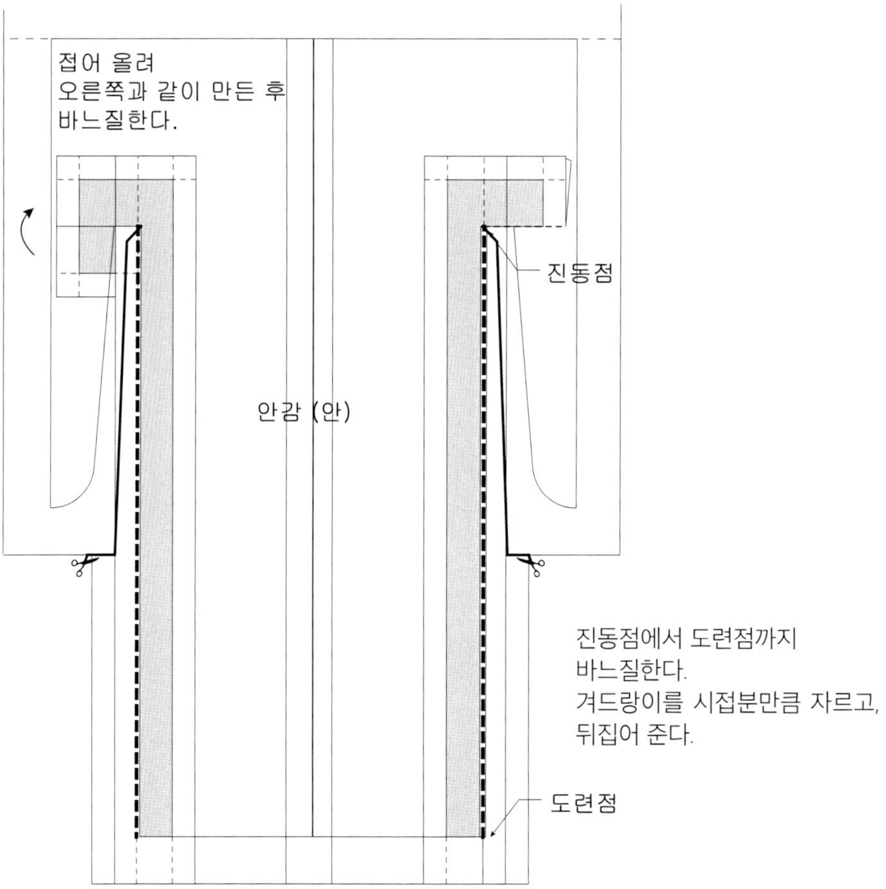

접어 올려
오른쪽과 같이 만든 후
바느질한다.

진동점

안감 (안)

진동점에서 도련점까지
바느질한다.
겨드랑이를 시접분만큼 자르고,
뒤집어 준다.

도련점

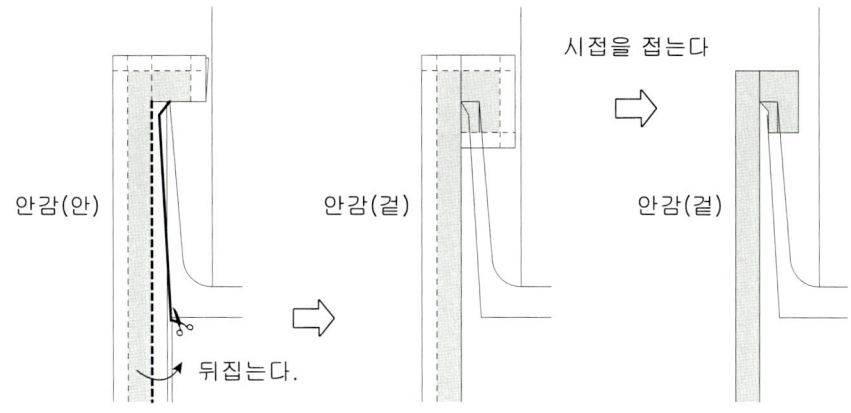

시접을 접는다

뒤집는다.

시접을 정리하여 공그르기 하고, 겨드랑이 아랫부분은 시접을 펼쳐 놓는다.

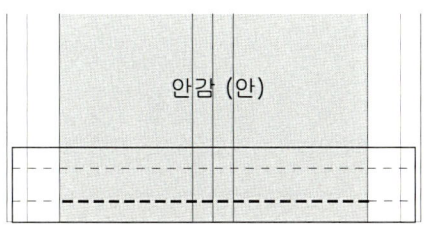

좌우 단을 뒤로 젖히고
아랫단을 완성선에서
완성선까지 박는다.

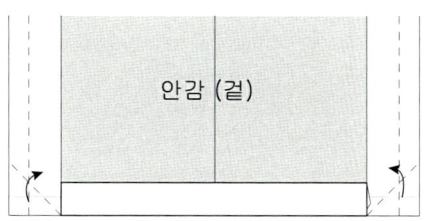

길을 뒤집어서
아랫단을 접어올리고
좌우 단을 삼각형으로 접어 준 뒤
옆선의 시접을 접어 준다.

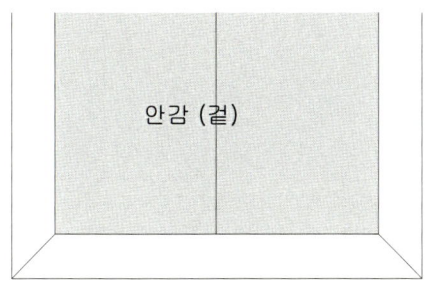

모양을 잡은 뒤
공그르기로
고정시켜 준다.

세로단이 얇게 접혀지도록 해야
모양이 예쁘다.

안감은 안감 겉쪽으로 단이 오도록, 겉감은 겉감 안쪽으로 단이 오도록 달아 준다.

안감은 단이 길보다 약간 안쪽으로,
겉감은 단이 길보다 약간 바깥쪽으로 오도록 다림질해 준다.

겉깃 달기

겉깃은 합임 깃으로 만들고, 겉감의 뒷고대 중심에서부터 시작하여 좌우 대칭이 되도록 달아 준다.

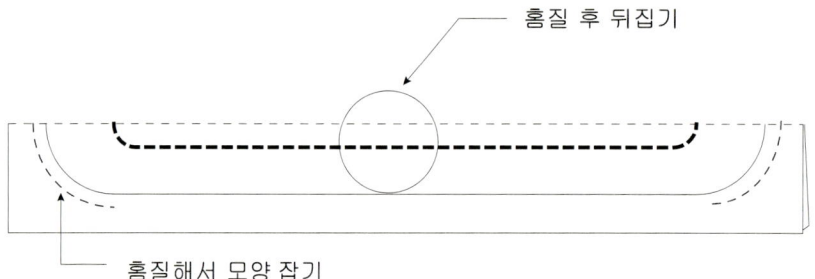

홈질 후 뒤집기

홈질해서 모양 잡기

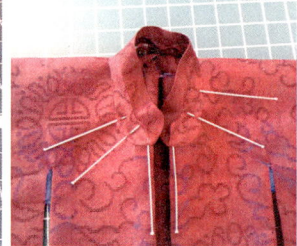

겉감(겉)

안깃 달기

안깃은 둥근깃 모양으로 만들어 준다.
안감 안쪽의 뒷고대 중심에서부터 시작하여 좌우 대칭이 되도록 달아 준다.

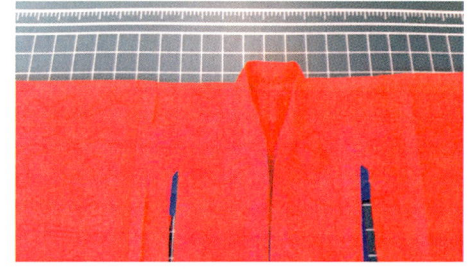

안감(안)

안감 깃에 동정도 대칭이 되도록 달아 준다.

한삼 통솔 박기

시접 올이 풀리지 않도록 통솔 박기로 시접을 정리하여 준다.

겉감(겉) | 한삼
배래 완성선
0.5cm
겉감 쪽에서 한삼 부분을
완성선에서 0.5cm 부분 홈질

겉감(안) | 한삼
4겹 박기
겉감 안쪽으로 뒤집어
소매 완성선을 4겹 박기

4겹 박기

겉 안감에 맞추어 소매 배래를 4겹 박기 한다.

중심을 시침한 후
색동과 한삼 끝이 잘 맞도록 시침한다.
안감 소매는 미리 시접을 안으로 접어 준다.
안감 겉끼리, 겉감 겉끼리 마주 보게 정리하여
한삼 전까지 4겹 박기 한다.

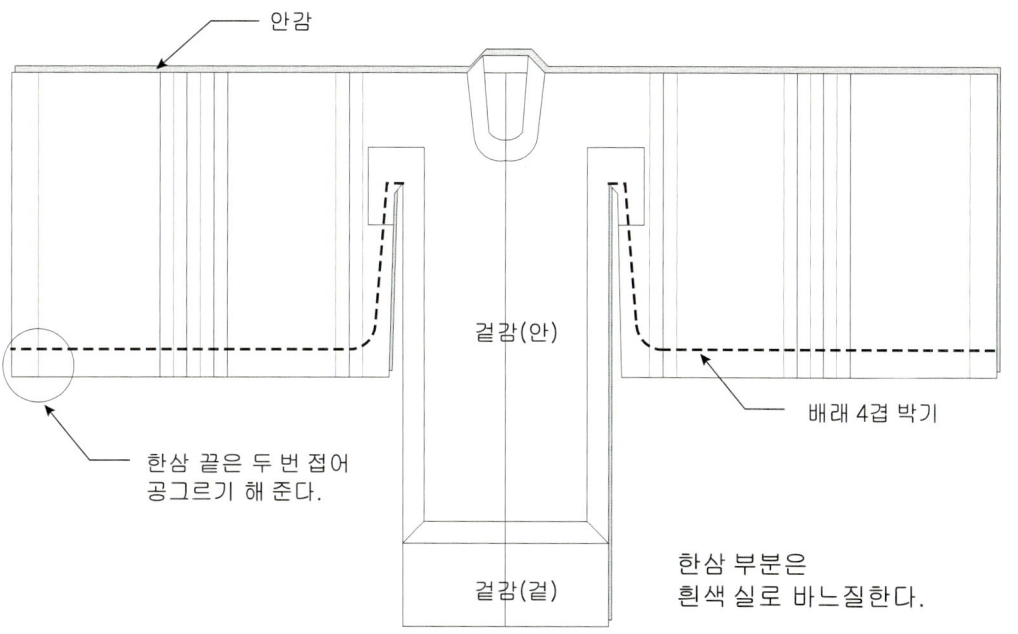

안감
겉감(안)
겉감(겉)
배래 4겹 박기
한삼 끝은 두 번 접어 공그르기 해 준다.
한삼 부분은 흰색 실로 바느질한다.

안감 정리

안감 소매를 겉감소매에 공그르기 한다.

색동에서 0.1cm 정도 안쪽에서 공그르기 or 감침질한다.

겉감(안)   한삼

뒤집어서 안감 소매를 색동 위에서 공그르기 한다.

길 붙이기

앞길, 뒷길을 잘 맞추어 단 부분을 한 올 뜨기 해 준다.

대대 만들기

너비 1cm, 길이 40~50cm로 만들어 준다.
대대 끈은 너비 0.5cm, 길이 12cm로 만들어 대대 안쪽에 달아 준다.
대대 걸이는 연두색으로 너비 0.5cm, 길이 5cm로 만들고
2번 접어 두리 소매 겨드랑이 부분에 달아 준다.

대대(1X40~50cm)

대대 끈(0.5X12cm)

대대 걸이(0.5X5cm)

대대 걸이
1.2cm

골선이 위로   뒷길 너비   대대 끈
대대

박음질로 겉감 쪽으로 실이 나가지 않도록 바느질한다.

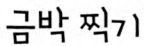 **금박 찍기**   다리미의 낮은 온도로 금박을 눌러 박아 준다.

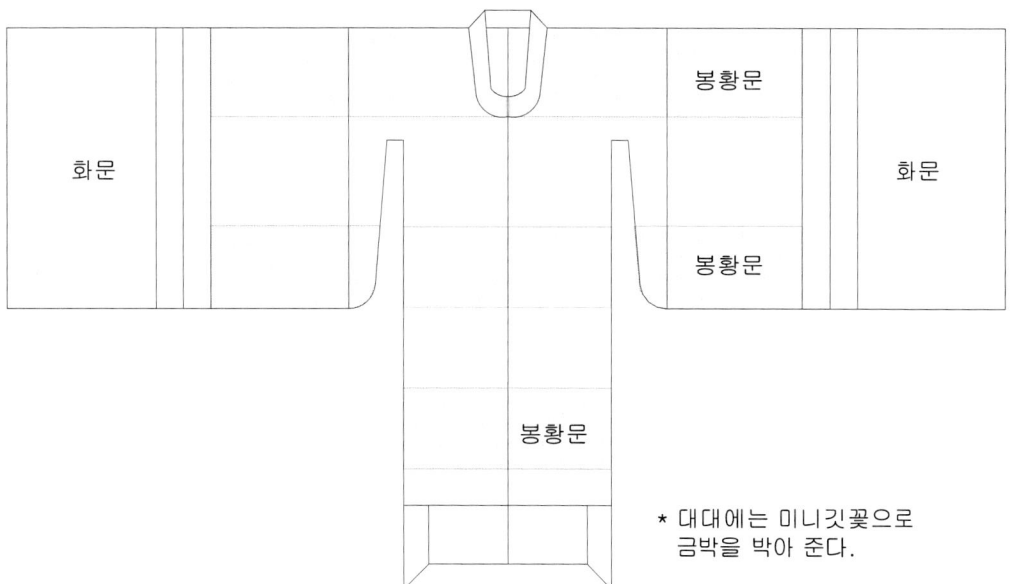

* 대대에는 미니깃꽃으로 금박을 박아 준다.

어깨, 앞길, 뒷길 하단부에는 봉황 금박을
소매에는 화문단을, 대대에는 미니깃꽃 금박을 박아 준다.

낮은 온도로 다림질한 후 충분히 식은 다음 떼어 내고
다리미천을 덮어 한 번 더 다리미로 눌러 준다.

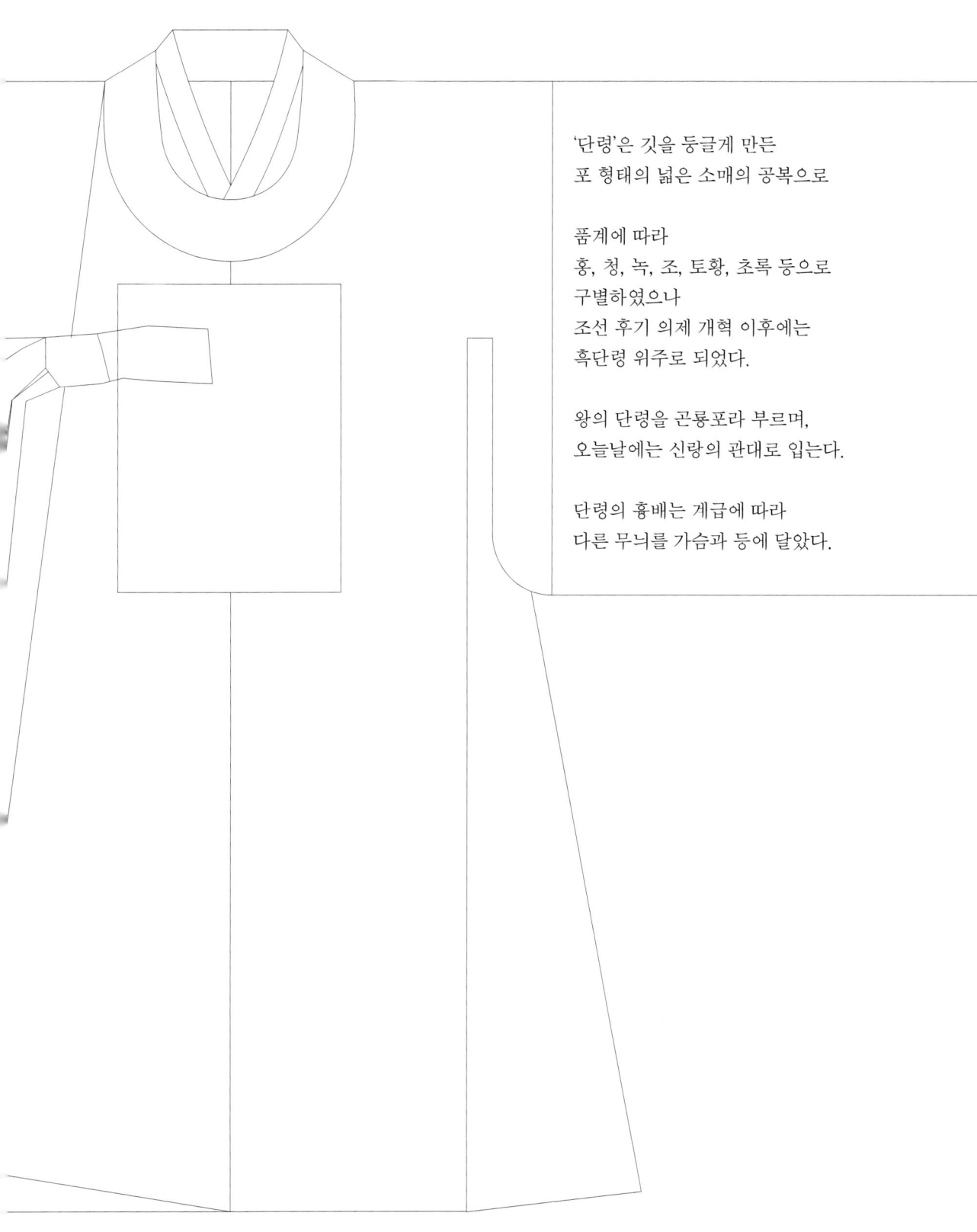

'단령'은 깃을 둥글게 만든
포 형태의 넓은 소매의 공복으로

품계에 따라
홍, 청, 녹, 조, 토황, 초록 등으로
구별하였으나
조선 후기 의제 개혁 이후에는
흑단령 위주로 되었다.

왕의 단령을 곤룡포라 부르며,
오늘날에는 신랑의 관대로 입는다.

단령의 흉배는 계급에 따라
다른 무늬를 가슴과 등에 달았다.

단령

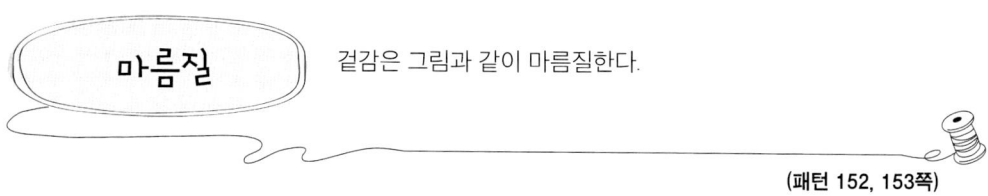

겉감은 그림과 같이 마름질한다.

(패턴 152, 153쪽)

겉감(숙고사, 검정, 55cmX48cm), 안감(숙고사, 홍색, 55cmX48cm)

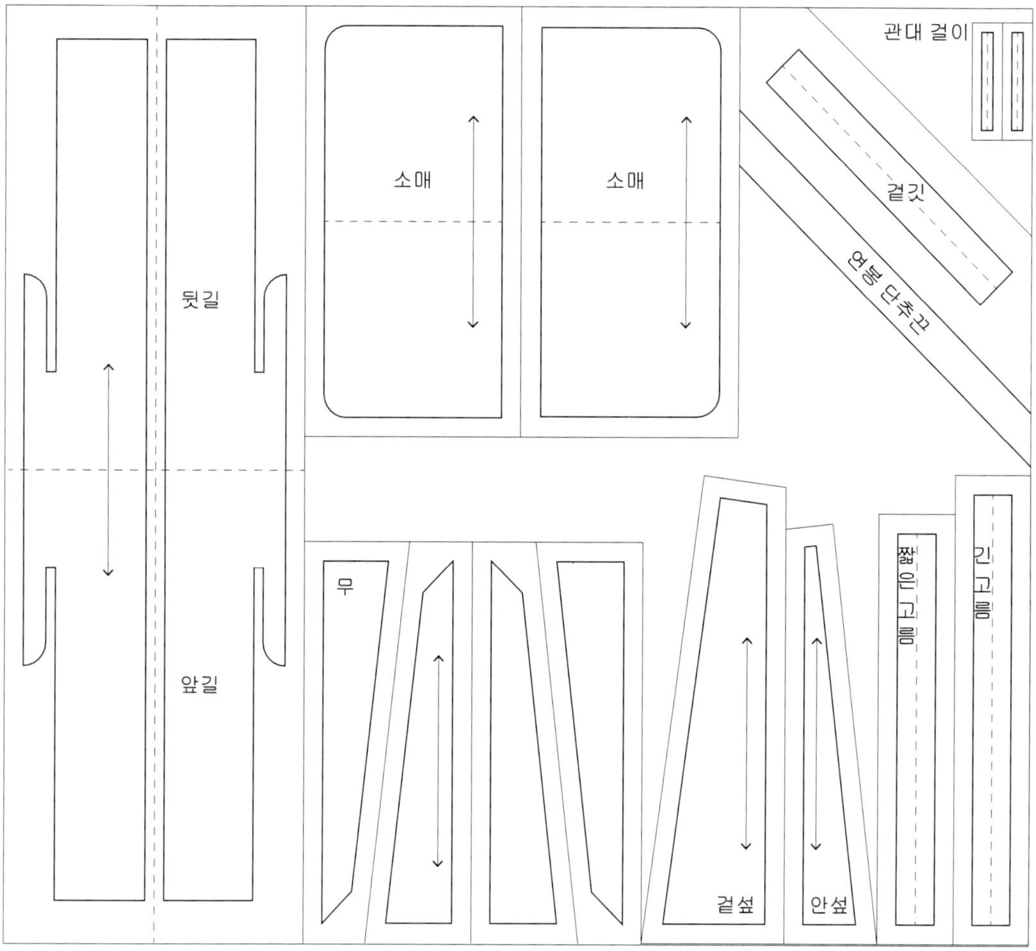

겉감 깃은 사선 마름질하고 길의 도련은 시접 2cm로 한다.

안감은 겉감과 동일하게 마름질하는데
섶의 방향은 겉감과 반대로
안감 깃은 식서 방향으로 하고
긴 고름과 짧은 고름을 마름질한다.

등솔 박기

뒷길 중심선을 고운 홈질하고 시접은 입어서 오른쪽으로 가도록 꺾는다. 앞길은 고대점에서 0.5cm 지점까지 가위집을 넣고, 좌우로 갈라놓는다.

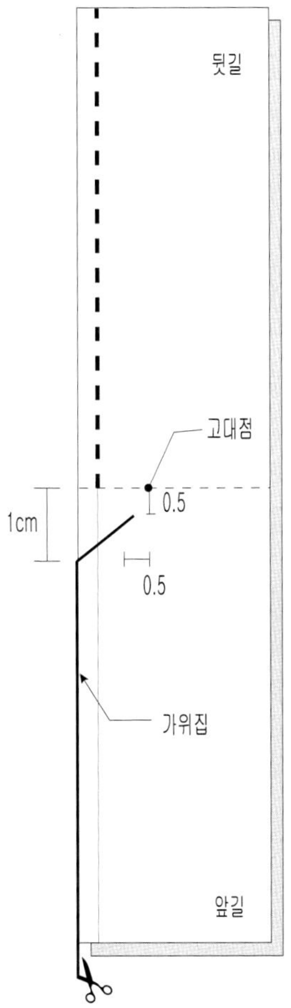

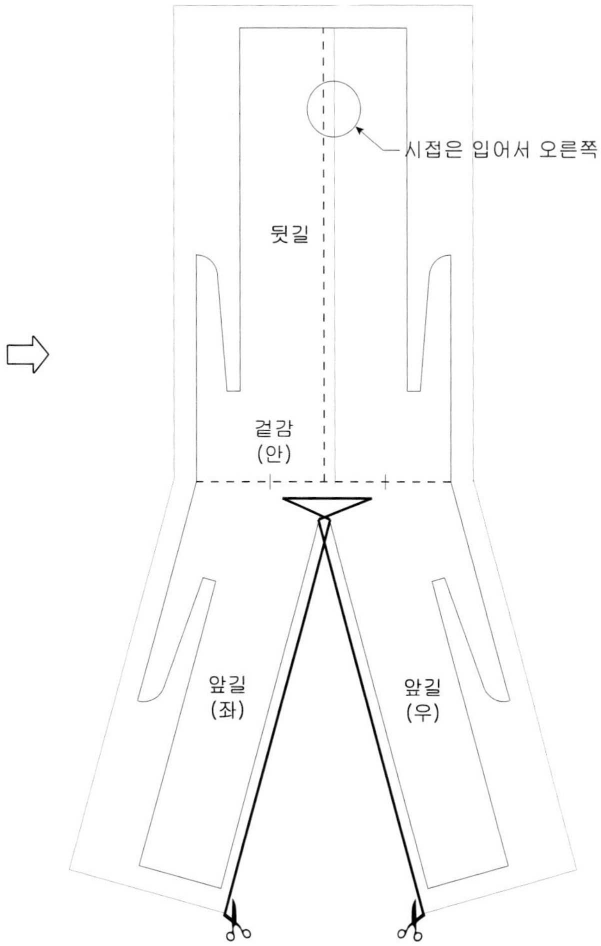

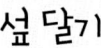 **섶 달기**

겉섶은 앞길(좌)에 안섶은 앞길(우)에 연결한다.
시접은 겉섶은 섶 쪽으로 안섶은 길 쪽으로 꺾어 다림질한다.

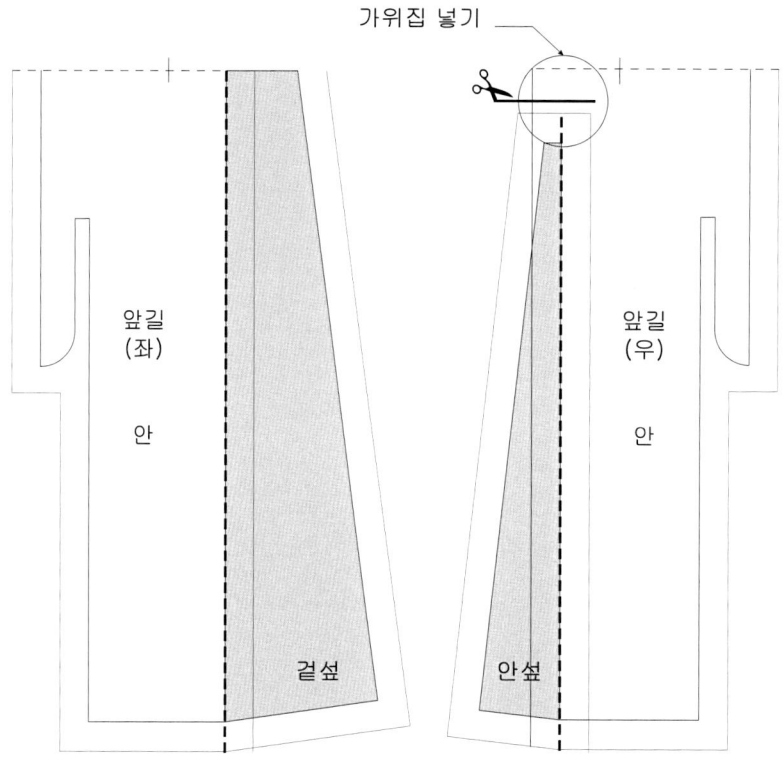

 소매 잇기

어깨 중심선을 맞추어 진동선을 박아 준다.
시접은 가름솔로 한다.

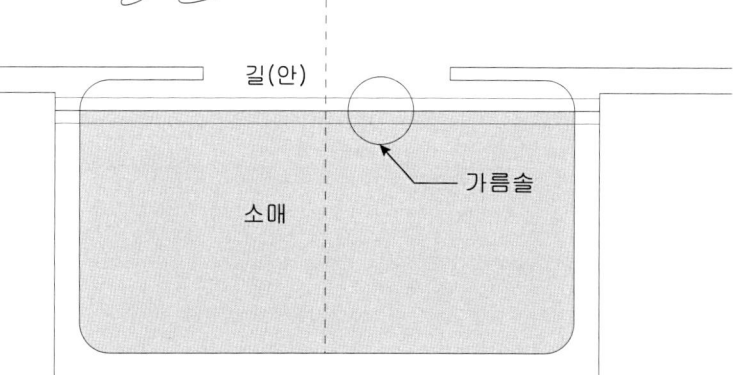

무 달기

무의 사선을 길에 대고 진동점에서 도련점까지 박아 준다.

안감 만들기

안감은 겉감과 동일하게 바느질한다.

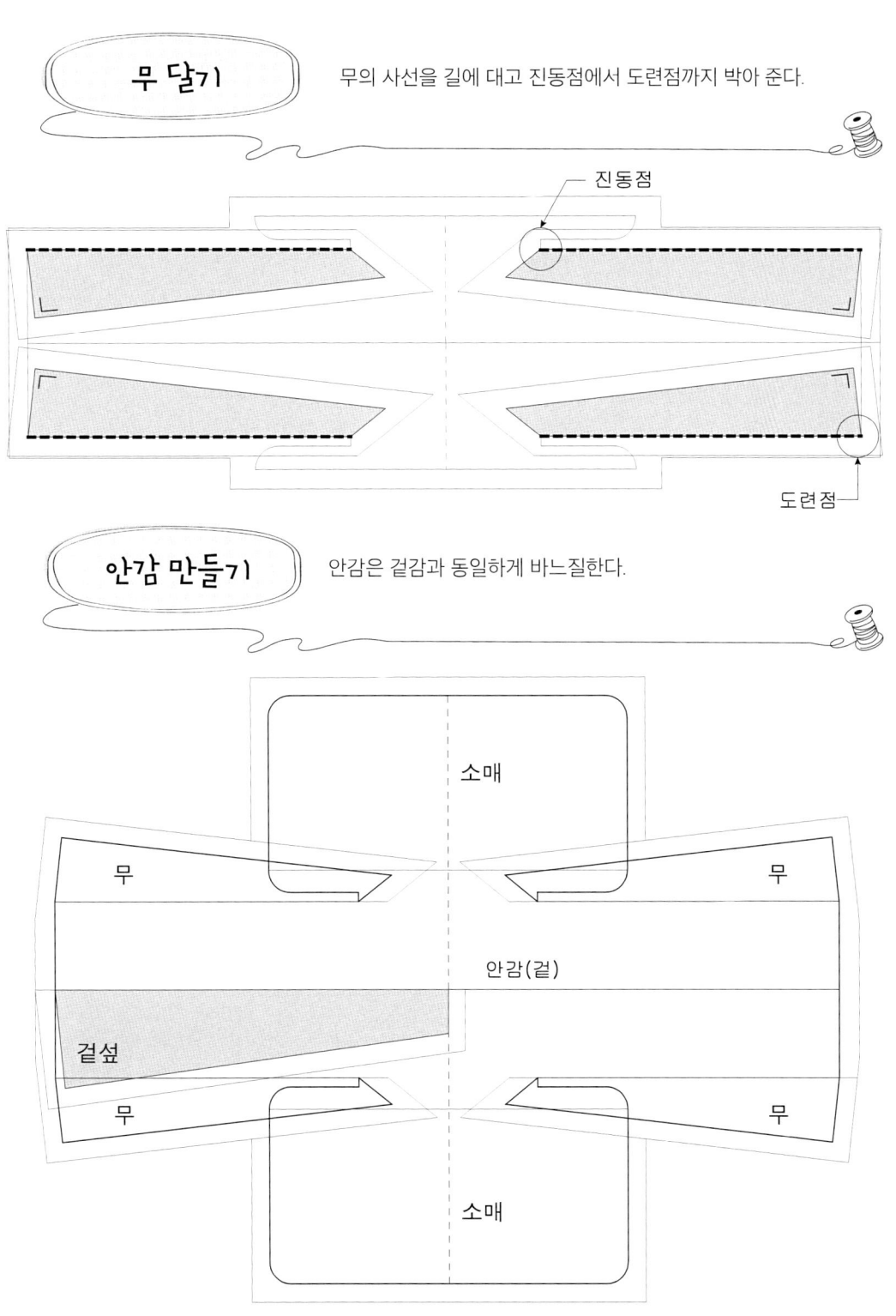

안감은 겉섶과 안섶의 위치가
겉감과 반대 방향으로 바느질해야 한다.

단 접어 박기

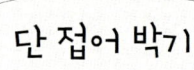

안감과 겉감 단을 2번 접어 공그르기 한다.

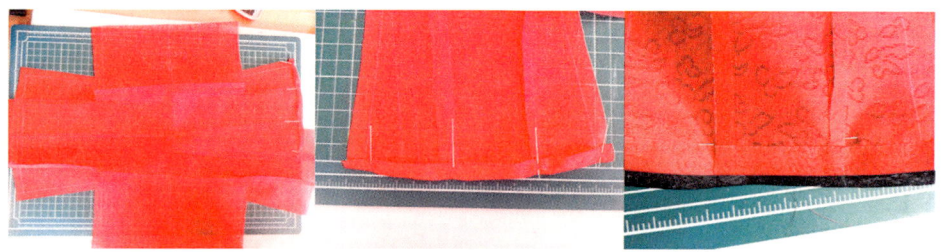

안감단은 완성선보다 0.5cm 위로 시접을 0.5cm 너비로 접어서 공그르기 한다.

겉감의 도련단을 완성선에 맞추어 시접분을 접어 다림질해 준다.

2겹 박기

수구, 겉섶, 안섶, 무를 2겹 바느질한다.

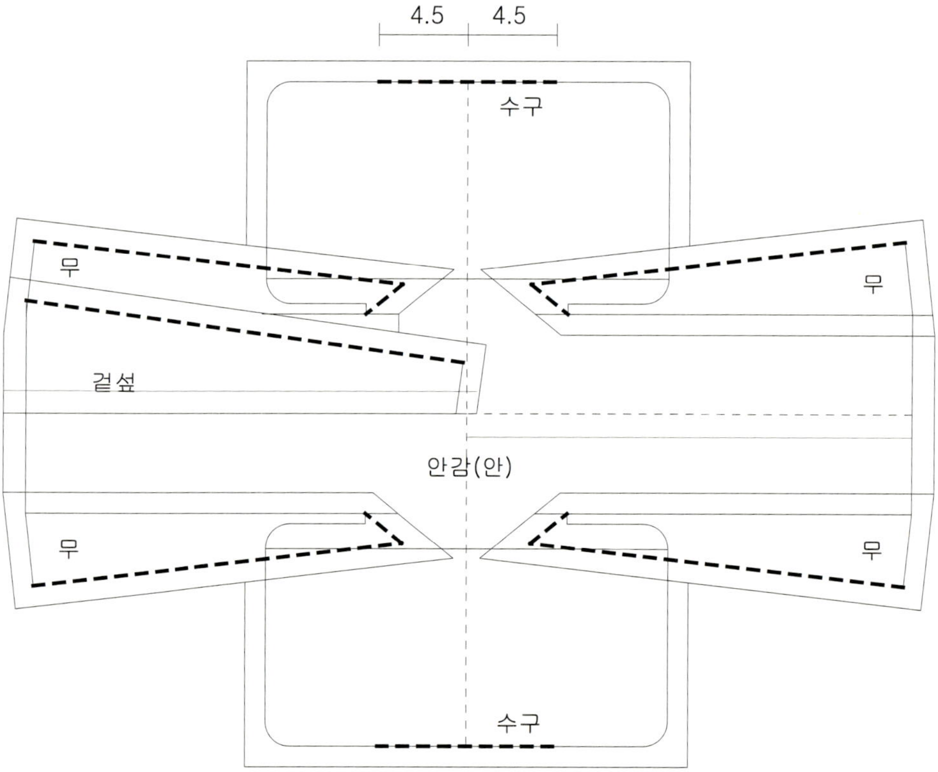

4.5
4.5
수구
무
무
겉섶
안감(안)
무
무
수구

4겹 박기

배래 부분을 4겹 박기 한다.

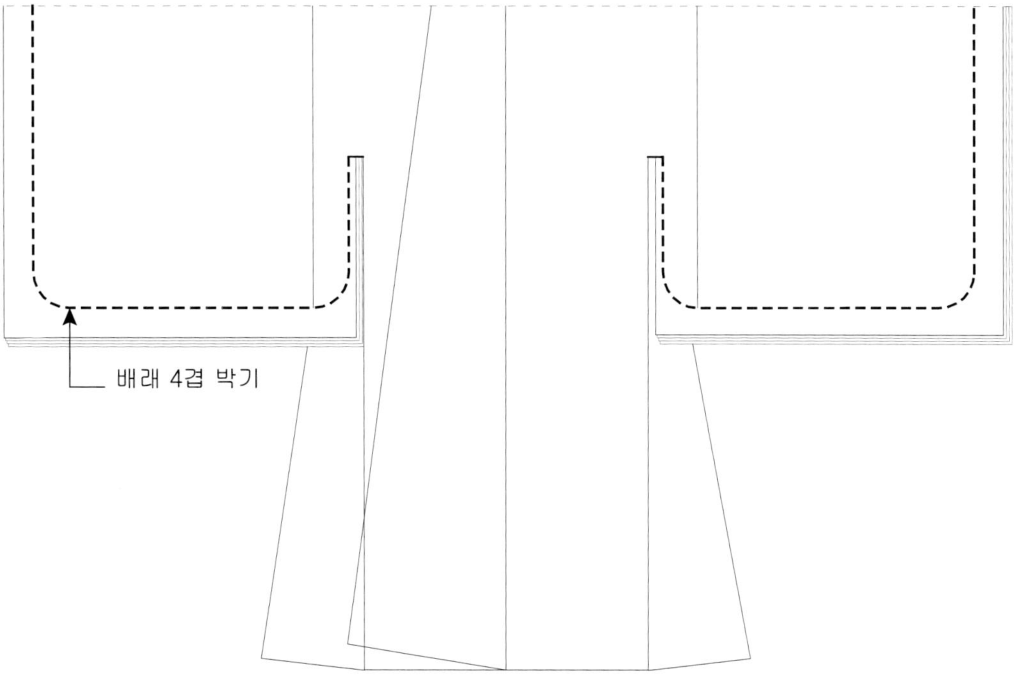

배래 4겹 박기

2겹 박기 후 겨드랑이 시접을 잘라 주고, 수구도 바느질한 부분에 가위집을 넣어 준다.

겉감은 겉감끼리, 안감은 안감끼리 마주 보도록 뒤집어서
수구, 두리 소매, 배래, 진동 솔기가 정확히 맞도록 솔기선을 시침핀으로 정리한다.

겨드랑이 무가 집히지 않도록 뒤로 젖혀서 소매 배래를 4겹 박기 한다.
시접은 겉감 쪽으로 눌러 주고 뒤집어서 다림질한다.

안감 깃 만들기

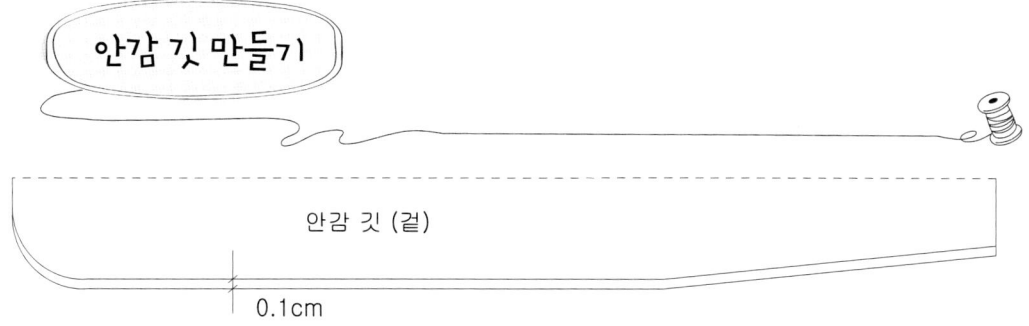

안감 깃 (겉)

0.1cm

안감 깃을 만들 때 안감 깃의 겉 부분이 안깃 안보다 0.1cm 작게 만들어 준다.

겉깃 만들기

가위집을 넣어 가며 다림질해 둥근 깃을 만들어 준다.

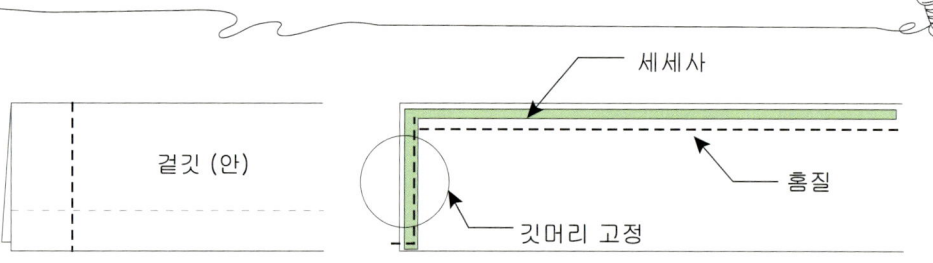

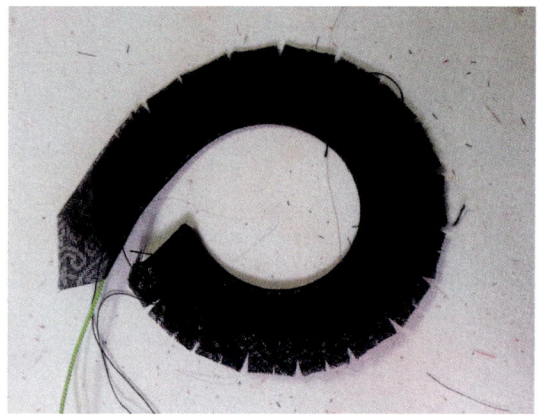

겉깃 안쪽에서 2겹을 홈질하고 뒤집어 준다.

세세사를 그림과 같이 끼워 넣고
깃머리 부분에는 세세사를 고정하고
나머지는 끝까지 밀어 넣어 고운 홈질을 한다.

시접 부분에 가위집을 넣어 가며 다리미로 밀면서
둥근 깃 모양을 만들어 준다.

겉깃 자리 앉히기

깃머리는 겉섶이 시작되는 곳에 놓고 목둘레가 편하도록
양쪽 고대보다 0.3cm 바깥쪽으로 깃을 앉히고 핀시침한다.
깃머리와 포개지는 고대점을 정확히 맞춘다.
완성선을 그려 주고 깃을 떼어 낸다.

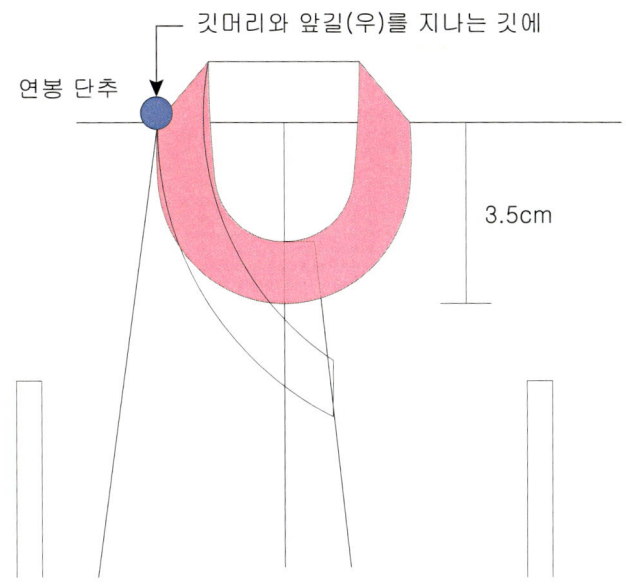

연봉 단추 · 깃머리와 앞길(우)를 지나는 깃에 · 3.5cm

연봉 단추 달기

연봉 단추와 고리를 만들어 고대점에 위치를 잡아 겉깃에 시침한다.

핀으로 중심 만들기.

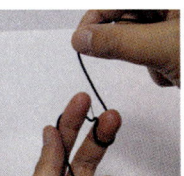
검지와 중지에 걸어 8자 만들기.

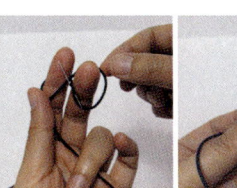
앞 끈을 뒤로 돌려 왼쪽 고에 아래에서 위로 통과하기.

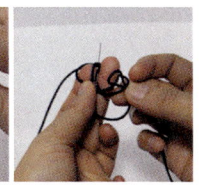
반대 끈을 오른쪽 고에 아래에서 위로 통과하기.

다시 반대 끈을 앞에서 뒤로 돌려 위에서 아래로 통과시키기.

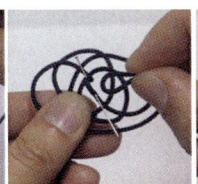
다음 끈을 앞에서 뒤로 돌려 위에서 아래로 통과시키기.

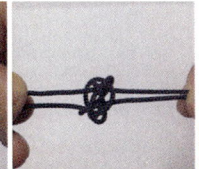
좌우 두 끈을 잡아당겨 모양 잡기.

중심 부분을 아래로 잡아당겨 단추 모양 만들기.

안깃 달기

안깃의 위치를 잡아 안감에 달아 준다.
겉섶과 포개지는 부분은 가위집을 넣어 정리한다.
동정도 달아 준다.

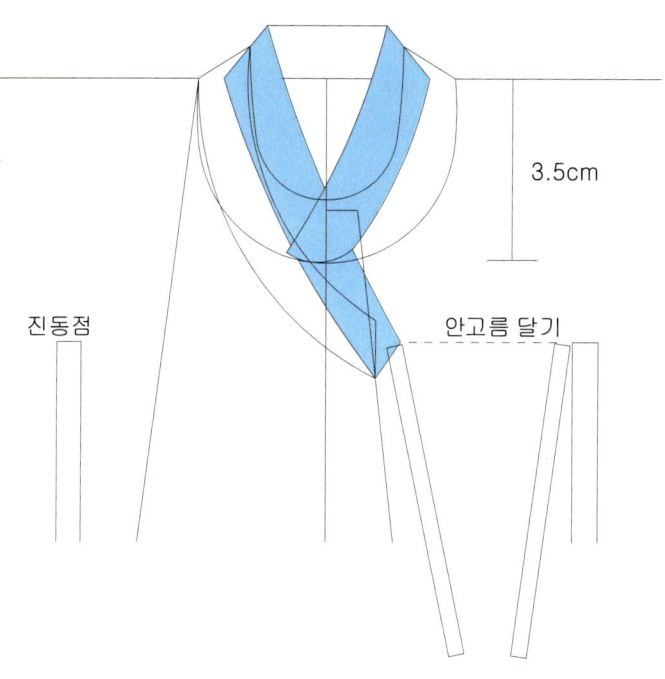

3.5cm

진동점   안고름 달기

겉깃 달기

완성선 위의 시접을 잘라 정리하고
겉깃을 다시 자리에 앉히고 바느질하여 깃을 단다.

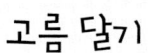 **고름 달기**

겉섶에는 긴 고름 2개를, 오른쪽 길 진동점에는 짧은 고름을 달아 준다. 안고름은 안깃 끝과 왼쪽 길(안) 진동점에 달아 준다.

 무 고정하기

앞뒤 마주 보는 무가 밀리지 않도록 4cm 정도 공그르기로 고정해 준다. 뒷길 쪽으로 접어 세땀상침으로 뒷길에 고정한다.

관대 걸이, 흉배 달기

관대 걸이를 만들어 양 겨드랑이에 달아 준다.

관대 걸이 완성 치수: 0.5 x 5cm

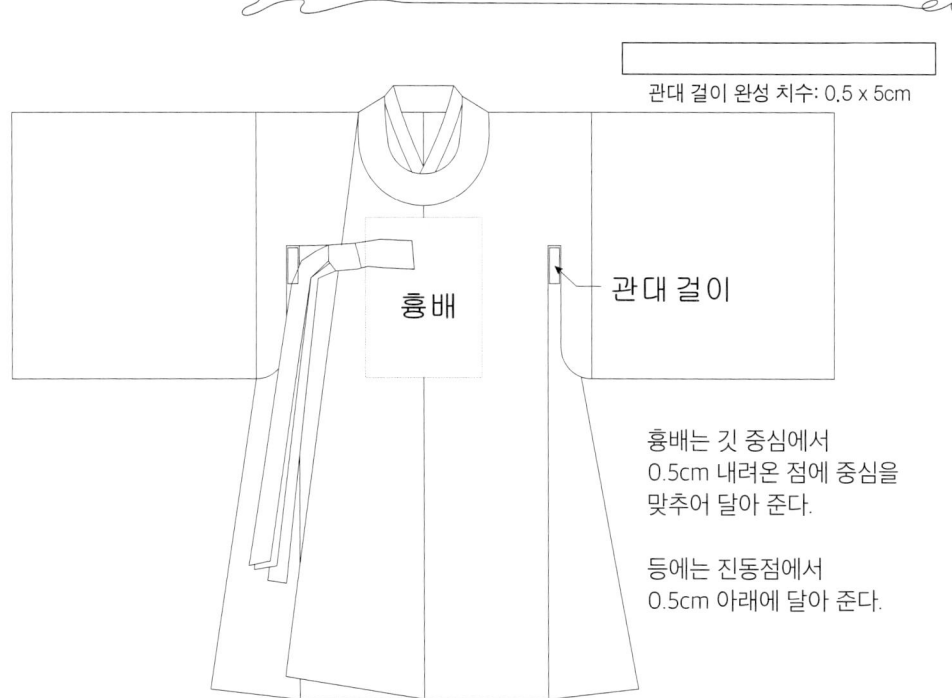

흉배는 깃 중심에서 0.5cm 내려온 점에 중심을 맞추어 달아 준다.

등에는 진동점에서 0.5cm 아래에 달아 준다.

조바위

'조바위'는 부녀자가 쓰는 방한모로
정수리는 뚫려 있고
머리 전체를 덮어 주는 형태이다.

특히 귀를 덮는 부분이 안으로 오그라들어서
방한용으로 그 역할을 더해 준다.

앞뒤에 술을 달고
보석에 연결된 끈을 달아 장식하였다.

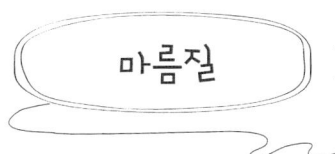 겉감, 안감, 심감(광목 or 점착 심지)에 각각 그림과 같이 마름질한다.
심감은 시접분 없이 완성선을 자른다.

(패턴 151쪽)

겉감, 안감, 심감(25cmX20cm)

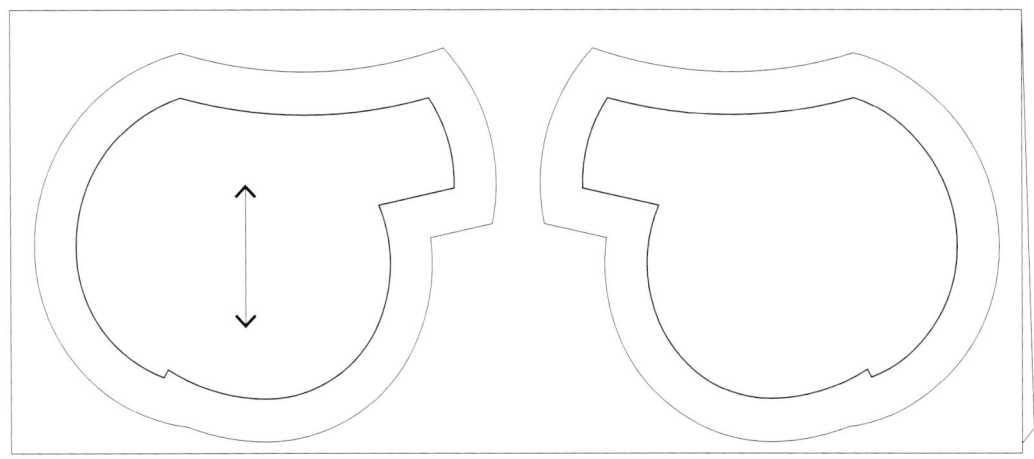

 겉감 안쪽에 심감을 놓고 시침하여 고정시키거나
접착 심지는 다리미로 눌러 붙여 준다.

 겉감 겉끼리 안감 겉끼리 마주 대고 이마 중심선을 박음질한다.
좌우로 펼치고 솔기는 가름솔로 한다. 시접은 0.5cm 로 정리한다.

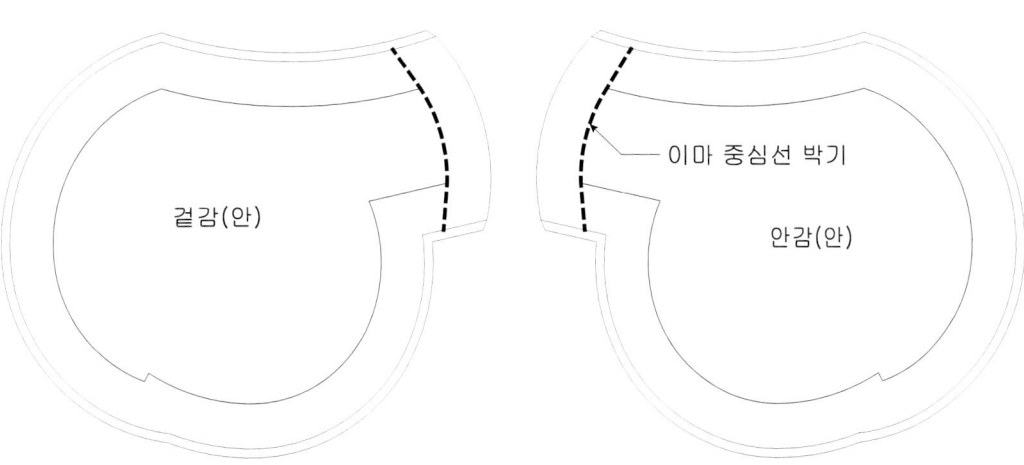

이마 중심선 박기

겉감(안)   안감(안)

2겹 박기

정수리와 이마, 볼선을 2겹 박기 한다.

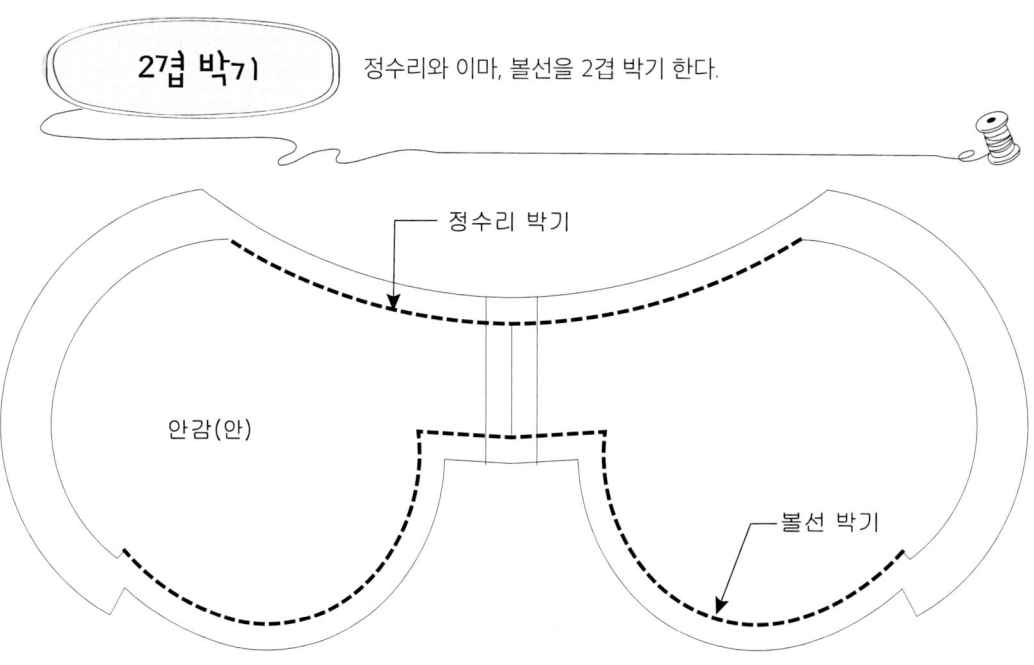

펼쳐진 겉감 안감을 겉과 겉이 마주 보도록 이마 중심선을 맞추어 시침핀으로 고정하고 정수리와 볼선을 박아 준다. 시접은 0.5cm로 잘라 주고 겉감 쪽으로 꺾어 준다.

뒤집기

A의 곡선 부분을 가위집을 넣어 준 후, A를 B에 이마 중심선을 통과하게 집어넣어 4겹을 만들어 준다.

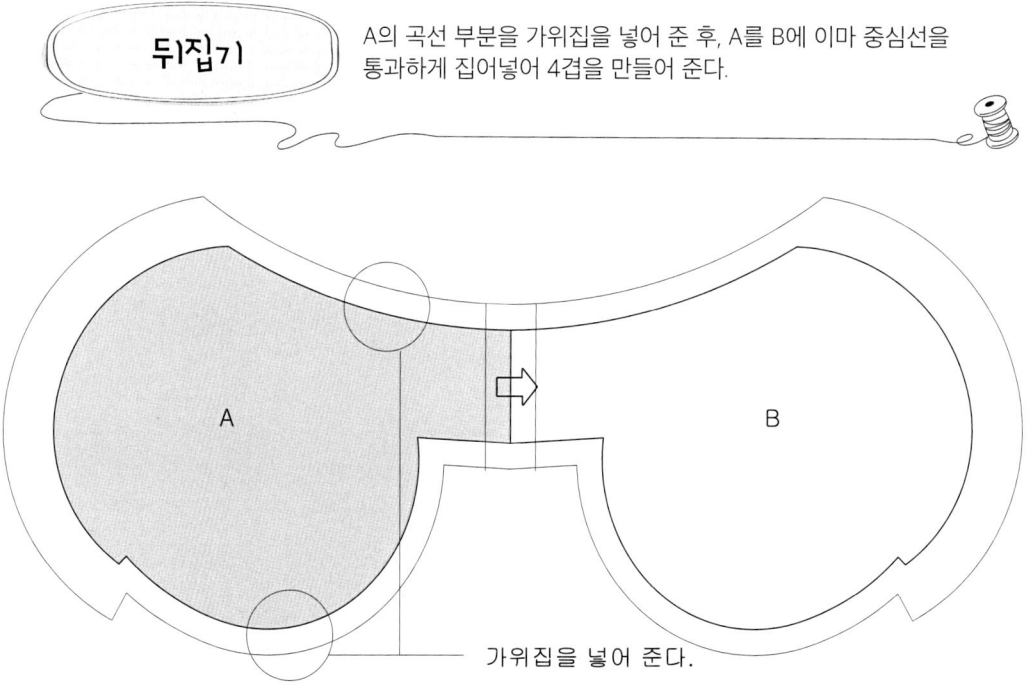

4겹 박기

뒷머리 4겹을 창구멍을 제외하고 4겹 박기 한다.

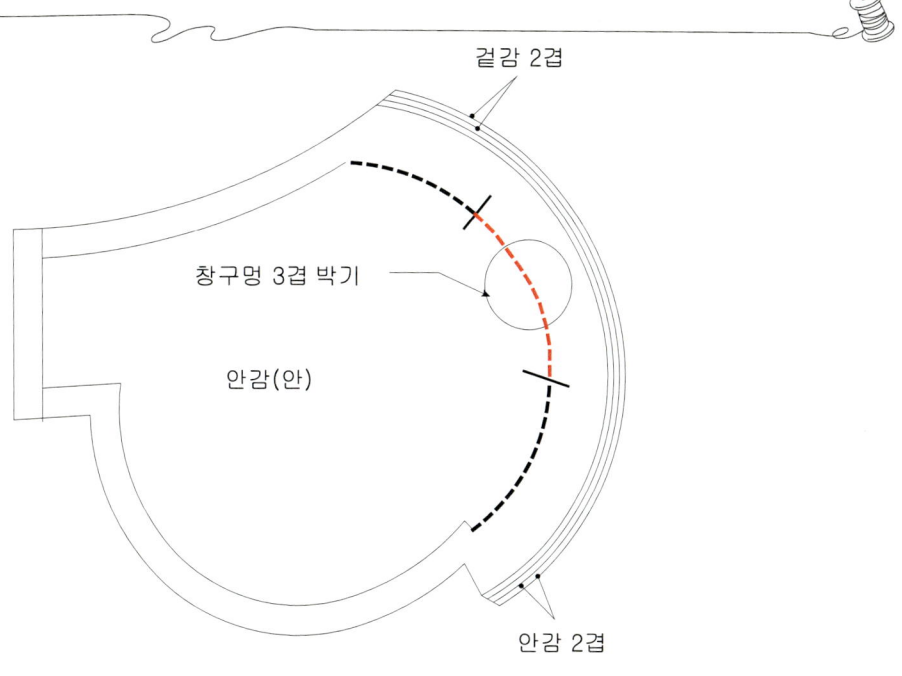

창구멍은 안감 1장을 들고 3겹 박기 해 준다.
시접은 0.5cm로 정리해 주고 가위집을 넣어 준 후 창구멍으로 뒤집는다.
안감에서 창구멍은 공그르기로 막는다.

볼 오그리기

양쪽 볼선의 중간 부분을 고운 홈질하여 오그려 준다.
양쪽이 똑같이 되도록 주의한다.

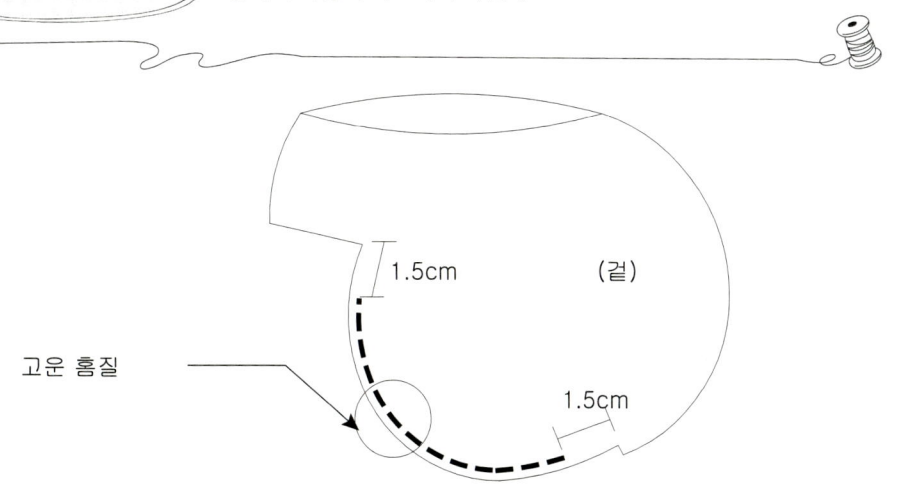

바이어스 두르기

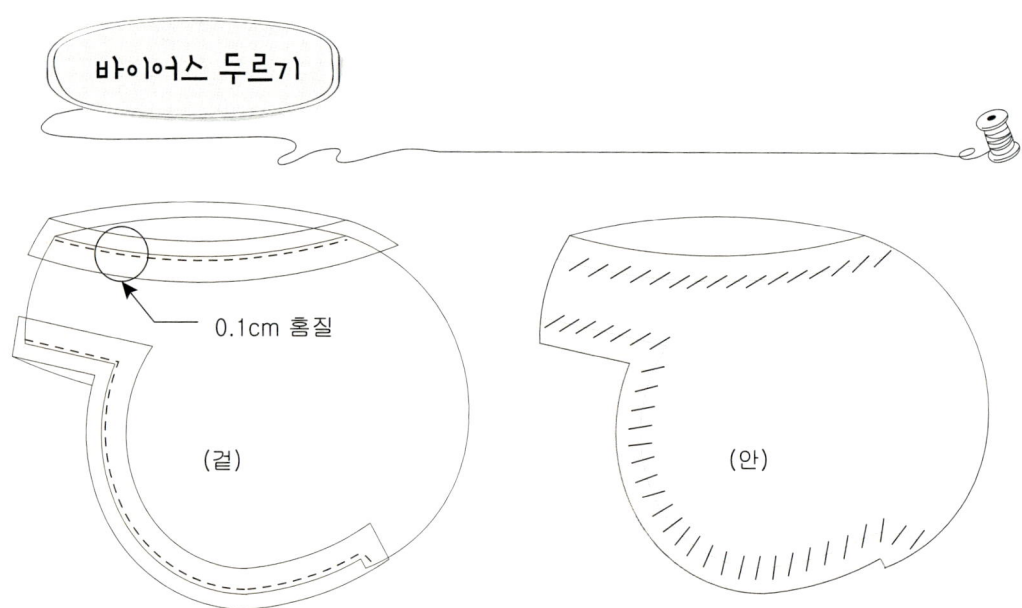

사선 방향으로 2cm 너비로 바이어스를 재단하고,
정수리와 볼과 이마를 잇는 선을 둘러 겉감 쪽 0.1cm지점에 대고 고운 홈질하고,
안감 쪽으로 넘겨 곱게 감침질한다.

장식하기

볼 중심에 금박을 찍어 주고 이마 중심에 5봉술,
뒷중심에 3봉술을 달아 준다. 이마 중심에서
뒷중심을 연결하는 구슬끈을 드리워 준다.

복건

온폭의 천을 사용하기 때문에
'복건'이라고 하는데
조선 시대 유학자들의 심의와
유가의 법복으로 착용되었던 두건이다.

관례를 치르기 전까지의 예모로 착용되었고
남자아이 돌에 장식용 쓰개로 사용되었다.

어린아이의 복건에는
수명장수 등의 기원문을 금박하거나
글씨로 장식하였다.

복건의 형태 및 명칭

완성 치수 7.5X16cm

주름
머리 위
선단
끈

마름질

홑겹으로 겉과 겉이 마주 보게 겹쳐서
겉감 안에 그림과 같이 마름질한다.

(패턴 151쪽)

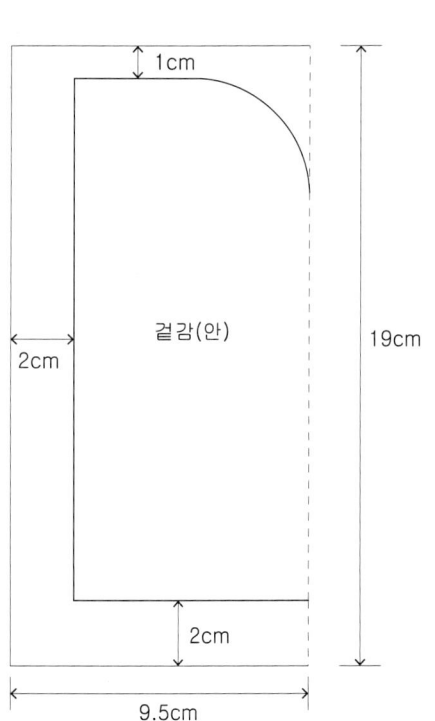

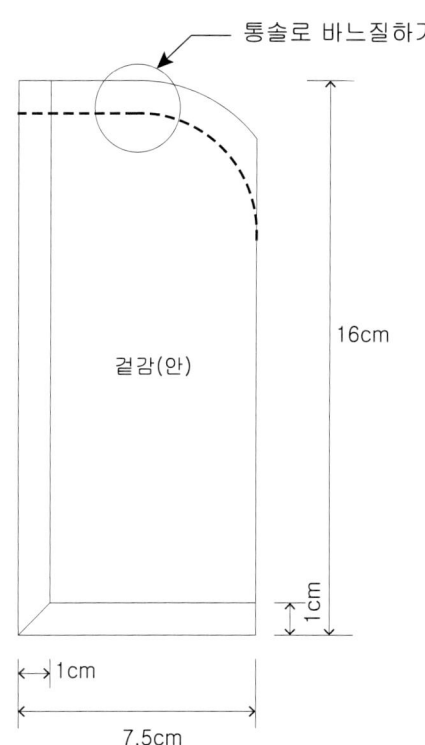

통솔로 바느질하기

밑단 말아 박기

선단 부분을 1cm로 말아 접어서 공그르기 한다.
모서리는 사선으로 접어 공그르기 한다.

머리 통솔 박기

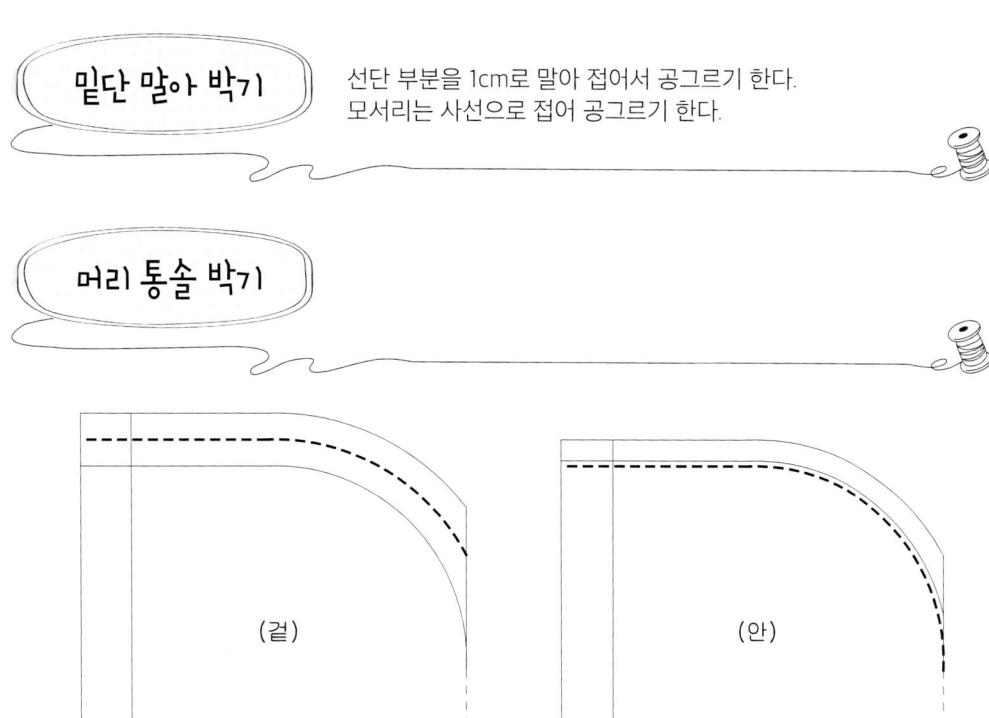

겉쪽에서 완성선 0.5cm 바깥으로 홈질하고 시접을 꺾어 준다.
다시 뒤집어서 안쪽에 완성선을 박아 마무리한다.

머리 주름 잡기

중심에서 양쪽으로 좌우 대칭이 되도록
주름을 잡아 안쪽에서 홈질로 모양을 잡는다.
주름이 뜨지 않도록 공그르기로 고정한다.

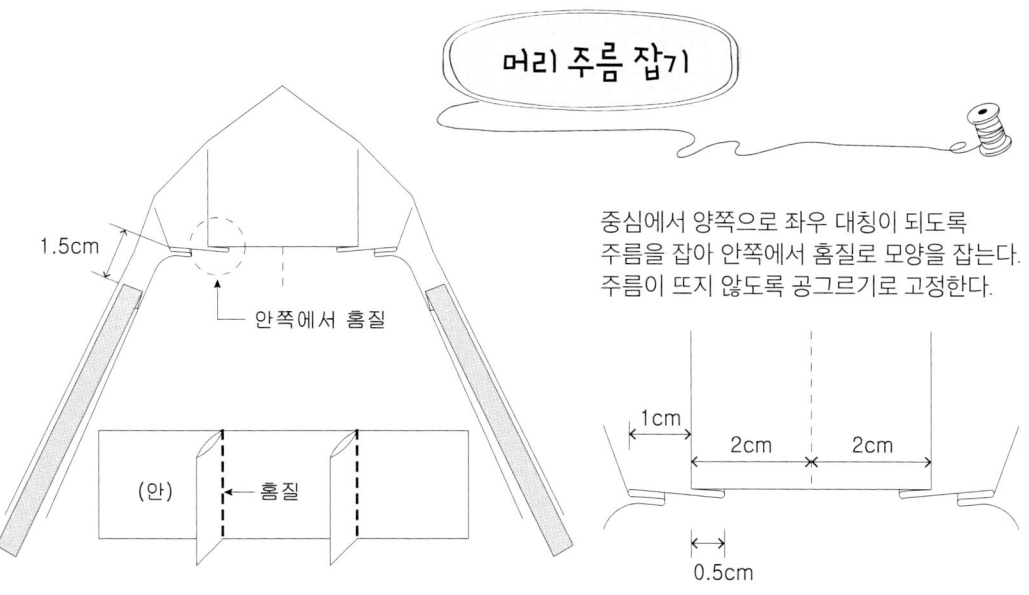

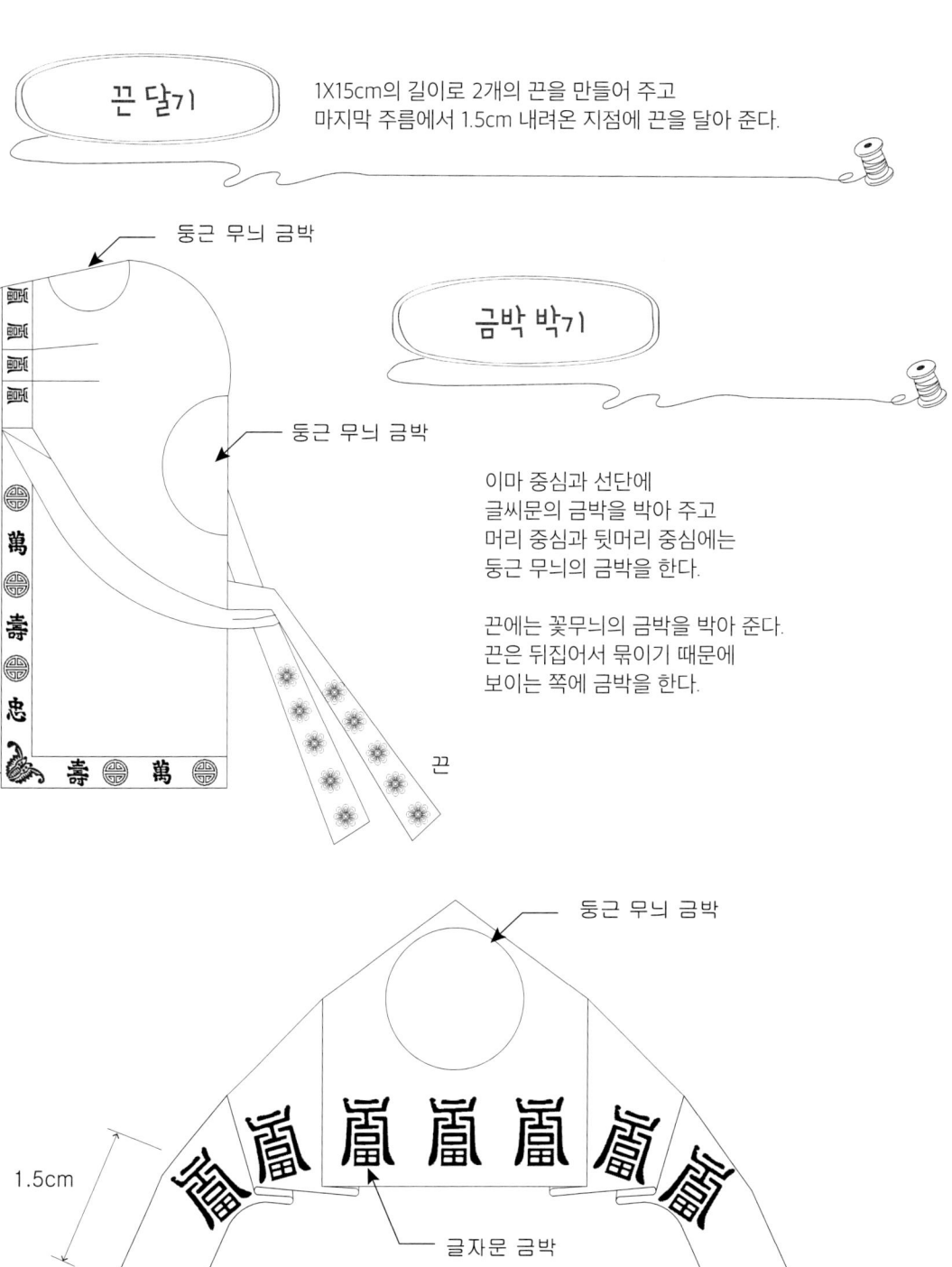

버선, 댕기

버선의 형태 및 명칭

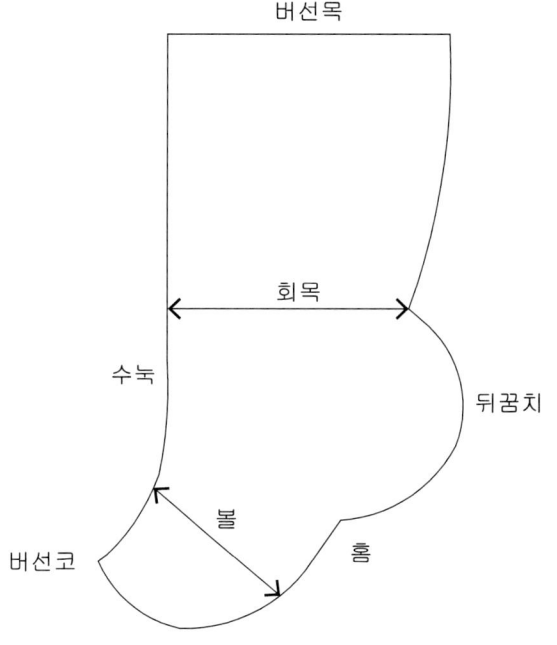

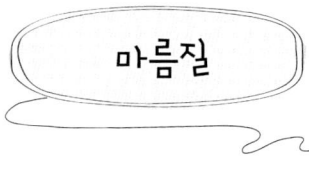

겉감과 안감 겉을 맞대고 박아 가른 후
1번 방향으로 접은 다음, 다시 2번 방향으로 접는다.
이때 솔기가 안감 쪽으로 1cm 넘어가도록 해서 4겹을 만든다.
접은 원단에 패턴을 대고 완성선을 그리고 시접 1cm로 자른다.

(패턴 151쪽)

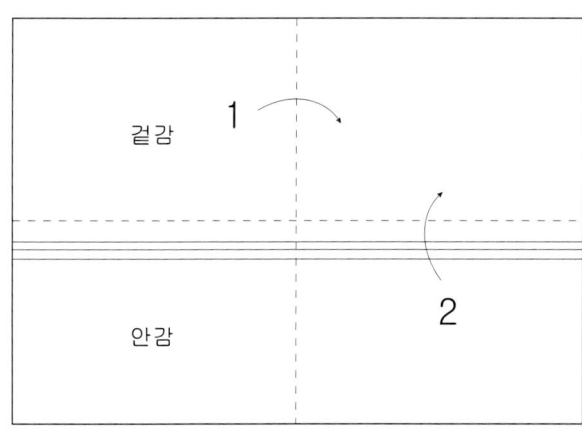

겉감(산탄, 흰색, 30cmX12cm)
안감(노방, 흰색, 30cmX12cm)

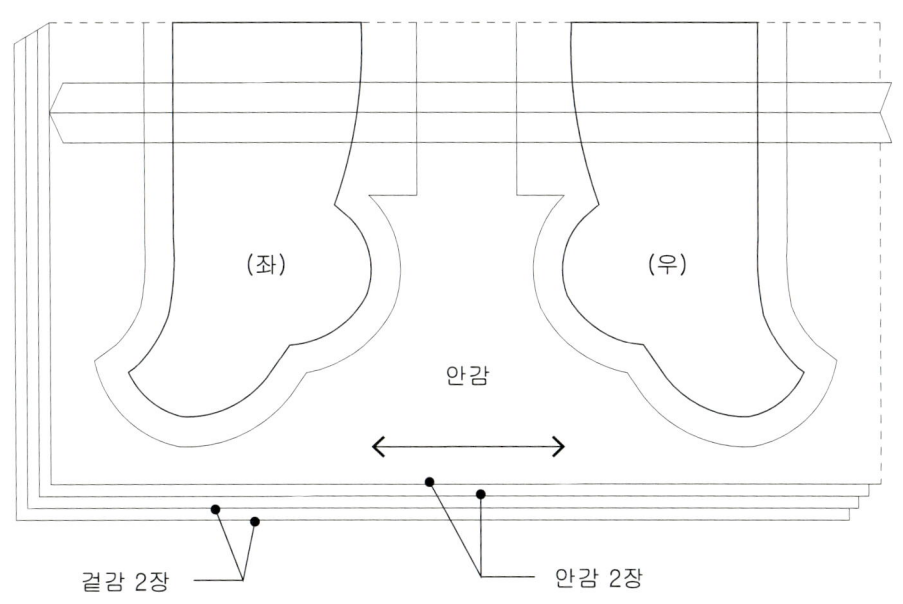

4겹 박기 안감에 창구멍은 3겹 박기 하고 나머지 부분은 4겹 박기 한다.

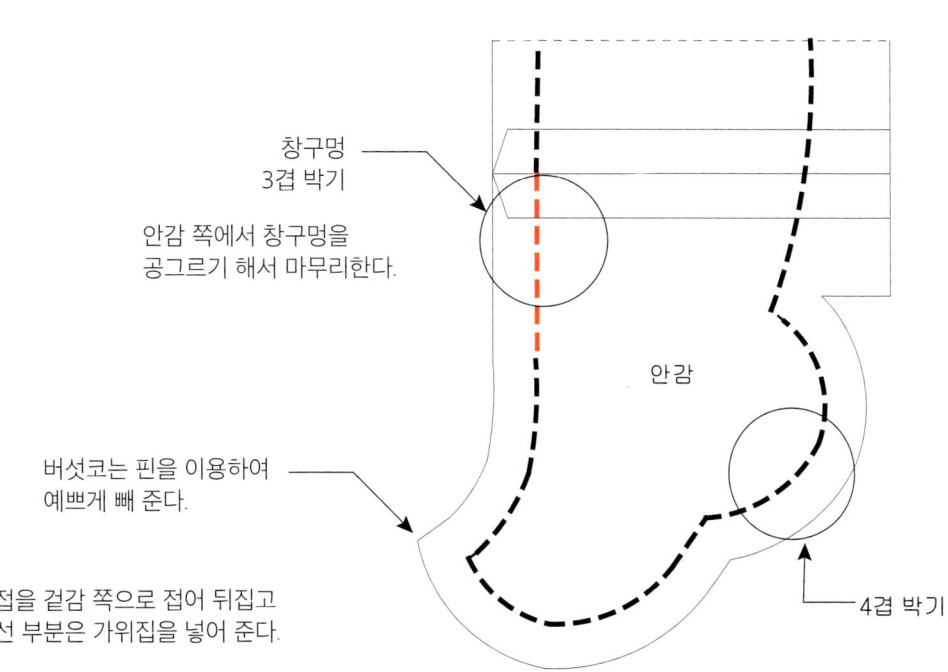

댕기의 형태 및 명칭

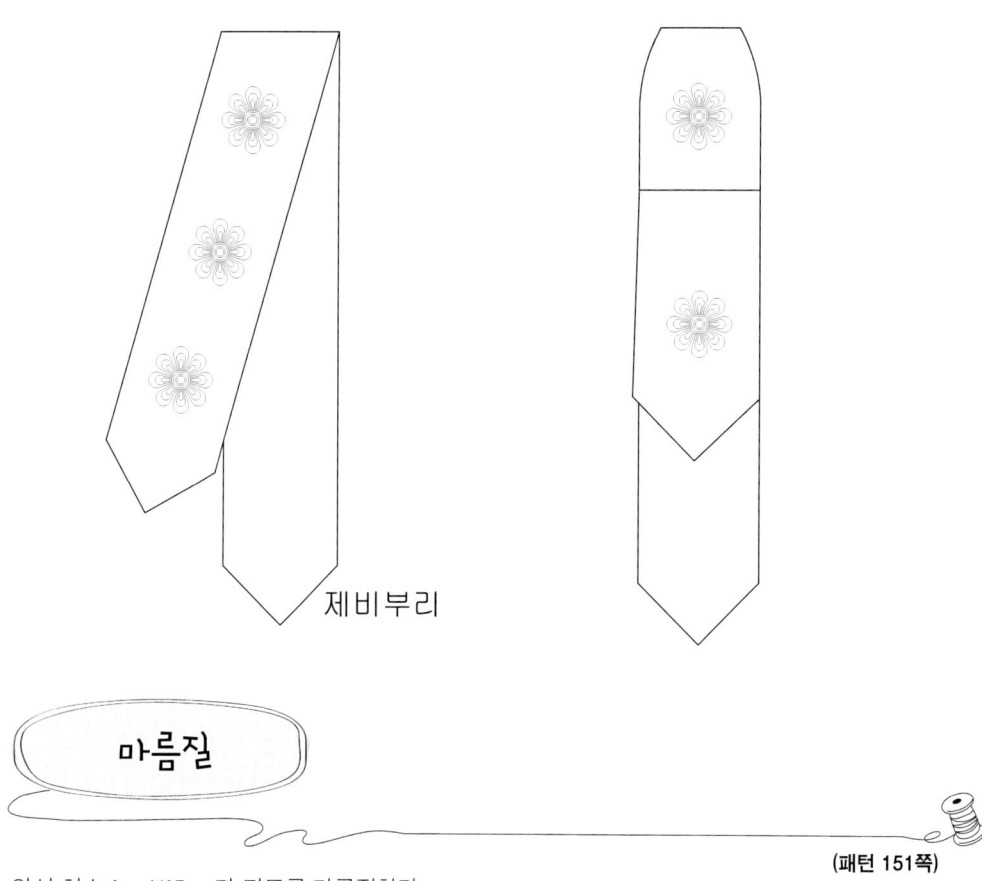

제비부리

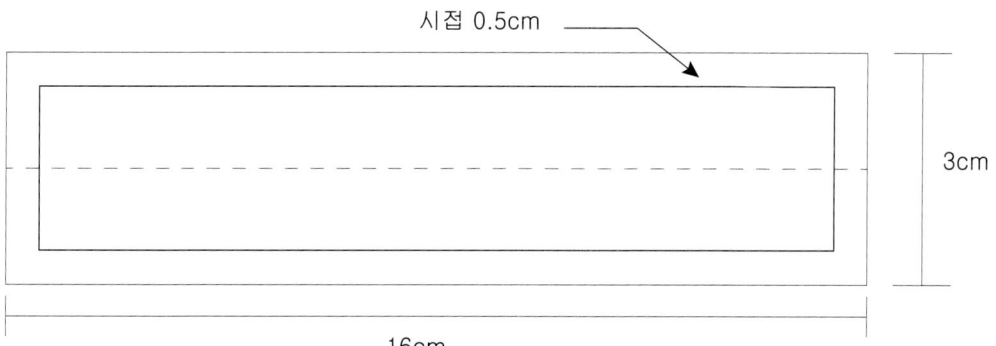

완성 치수 1cmX15cm가 되도록 마름질한다.
시접은 0.5cm.

시접 0.5cm

3cm

16cm

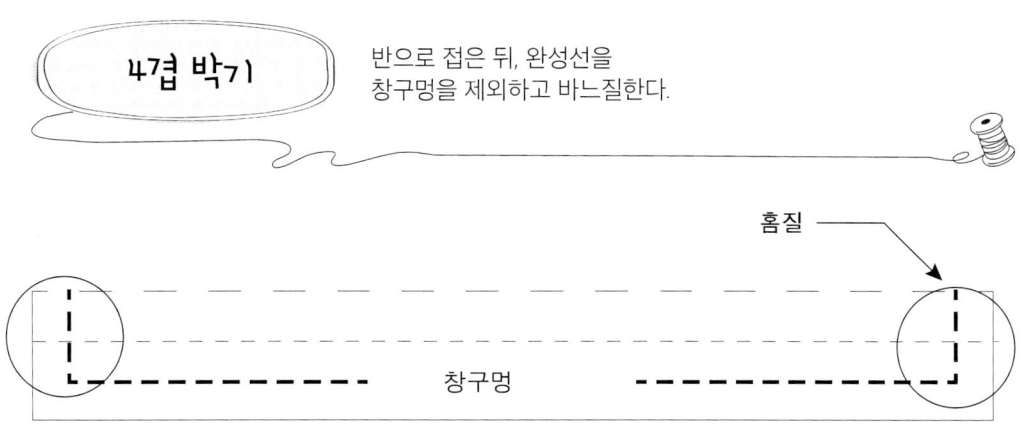

반으로 접어 준 뒤 창구멍을 제외하고 2겹 박기 한다.

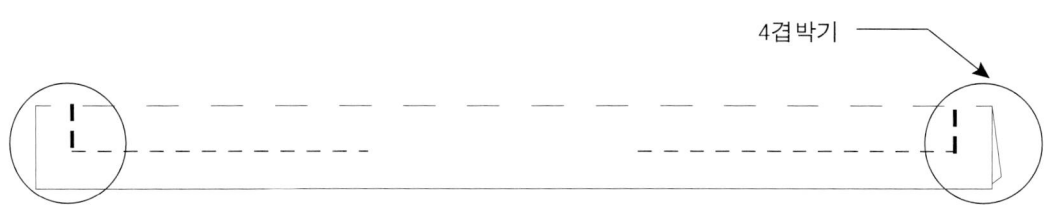

다시 반으로 접어 모서리를 4겹 박기 한다.

모서리를 정리한 후 뒤집고 창구멍은 공그르기로 막아 준다.

미니깃꽃 금박을 할 면에 다리미로 눌러 박아 준다.

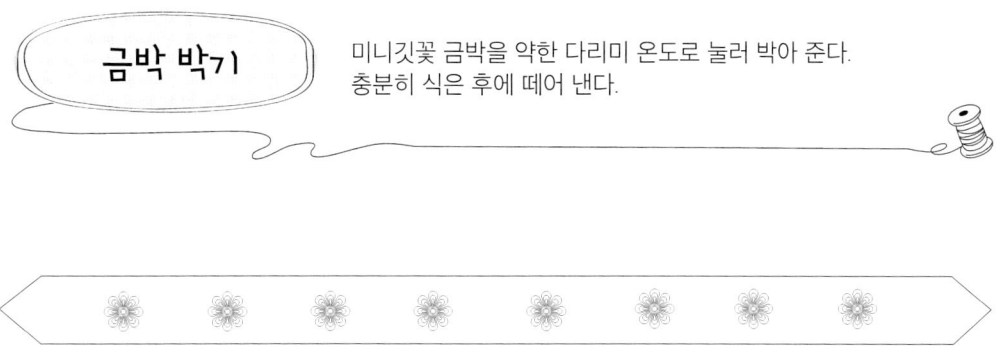

크래프트 카페 라온 소개

'라온'은 '즐거운'이라는 뜻의 순우리말로, 온·오프라인이 결합된 공방 카페입니다.

손으로 만드는 즐거운 공간, 맛있는 커피가 즐거운 공간, 친구와의 수다가 즐거운 공간 크래프트 카페 '라온'.

cafe.naver.com/momscraft

4호선 혜화역

서울사범대학 부설초등학교

이화동 주민센터

라온

이화사거리

교육 과정

규방 공예
한미연

규방

조각보
바느질법(10가지) / 9조각보 / 미니러너 / 다기보 / 기초 매듭
예단보 / 오방보 / 변형보(상보)/ 명주 100 조각보/ 사선단보
솔기 처리 기법(쌈솔, 통솔, 깨끼, 덧대기)

규방 소품
바느질법(10가지) / 사각 바늘방석 / 원형 바늘방석 / 칠보 문보
도장주머니 / 귀주머니 / 전통자집 / 괴불주머니 / 두루주머니
오방낭 / 명주조각 골무 / 경상도 골무 / 약낭 / 색실누비 / 전통누비

매듭

기초 과정(8주)
도래, 외도래 / 귀도래 / 연봉 / 가락지 / 생쪽 / 안경매듭 / 날개매듭 / 동심결 / 매화

중급 과정(8주)
삼정자 / 국화 / 병아리 / 장구매듭 / 나비매듭 / 가지 방석 / 석씨매듭 / 삼발창매듭

고급 과정
작품 만들기

생활 자수
이미경

야생화 자수

기초 과정(8주)
바늘방석 / 컵받침 / 미니 파우치 / 테이블 매트 / 브로치 / 바늘 지갑
미니 액세서리 / 미니 액자

중급 과정(7주)
러너 / 주머니 / 북 커버 / 액자용 자수 / 앞치마 / 발

연구 과정

한복 만들기

태교, 백일 과정
배냇저고리 / 두룽치마 / 누비저고리 / 풍차바지

돌쟁이 과정
여아 (색동저고리 / 치마 / 당의 / 조바위)
남아 (색동저고리 / 바지 / 전복 / 복건)
소품 (타래버선 / 돌띠 / 바늘꽂이 / 돌상보 / 러너)

유아 한복
여자아이 한복 (저고리, 치마, 당의)
남자아이 한복 (저고리, 바지, 배자)
쓰개 (조바위 / 아얌 / 복건 / 호건)

미니어처 한복 만들기

기초 과정
색동저고리 / 삼회장저고리 / 치마 / 속바지
남자저고리 / 바지 / 전복 / 배자 / 버선, 댕기

고급 과정
당의 / 까치두루마기 / 원삼 / 단령 / 조바위, 복건

연구 과정

뜨개질

소품 만들기
컵받침, 무릎 담요, 파우치, 모자 등

손뜨개 인형 만들기
인형 바디 만들기
인형 옷 만들기

솔솔 우리 옷
패턴

색동저고리

완성 치수: 가슴둘레 16.8cm, 화장 14cm

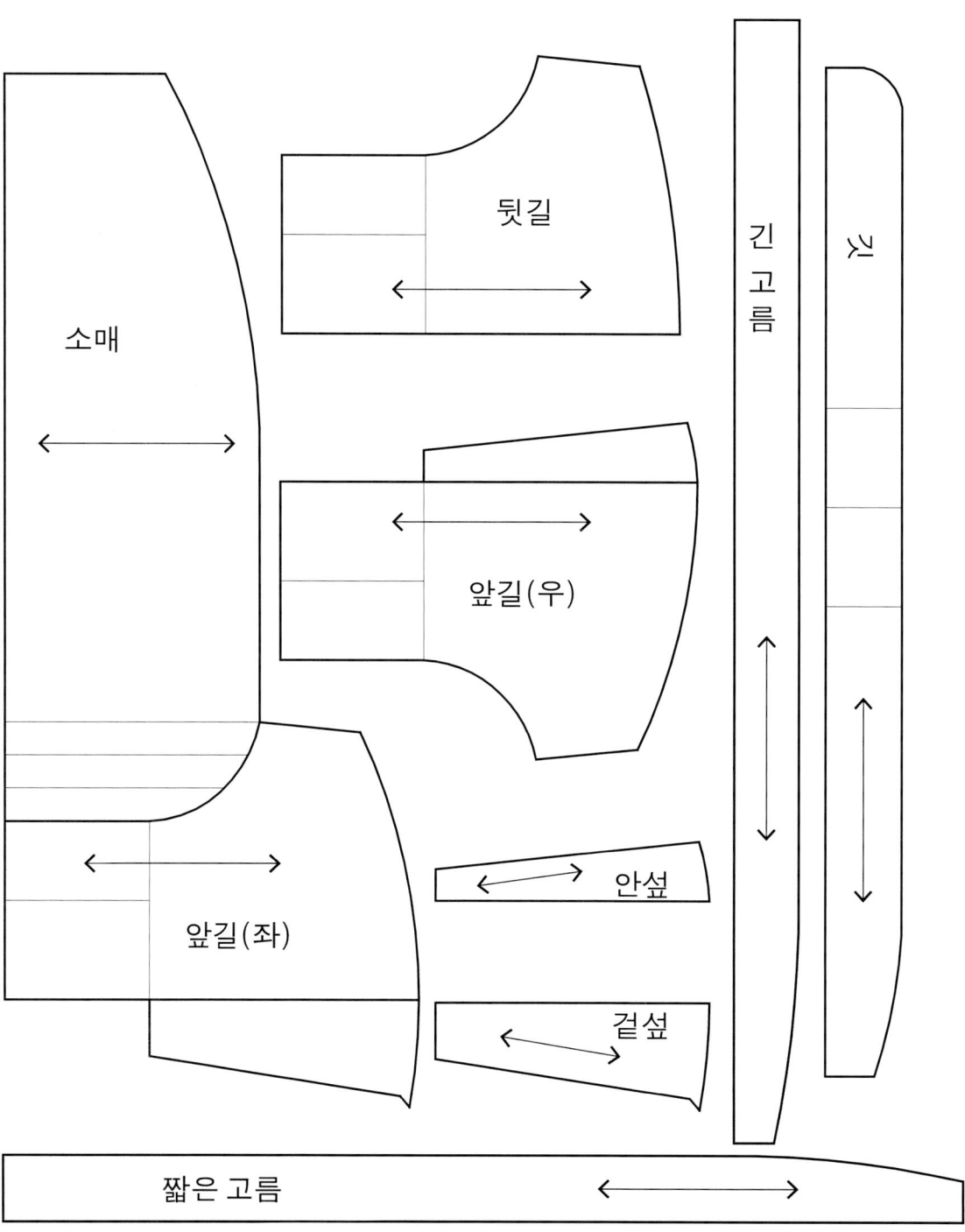

삼회장저고리   완성 치수: 가슴둘레 16.8cm, 화장 14cm

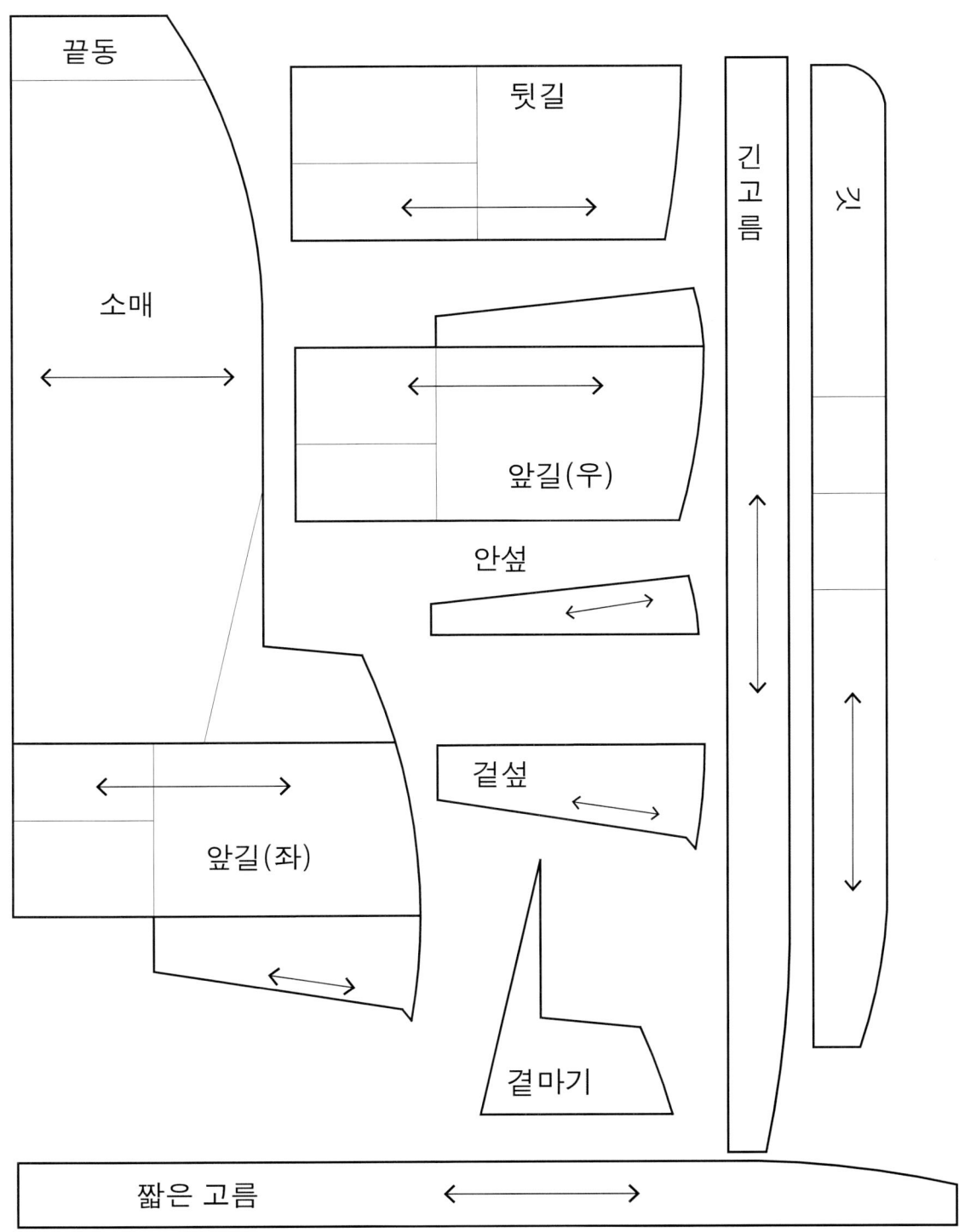

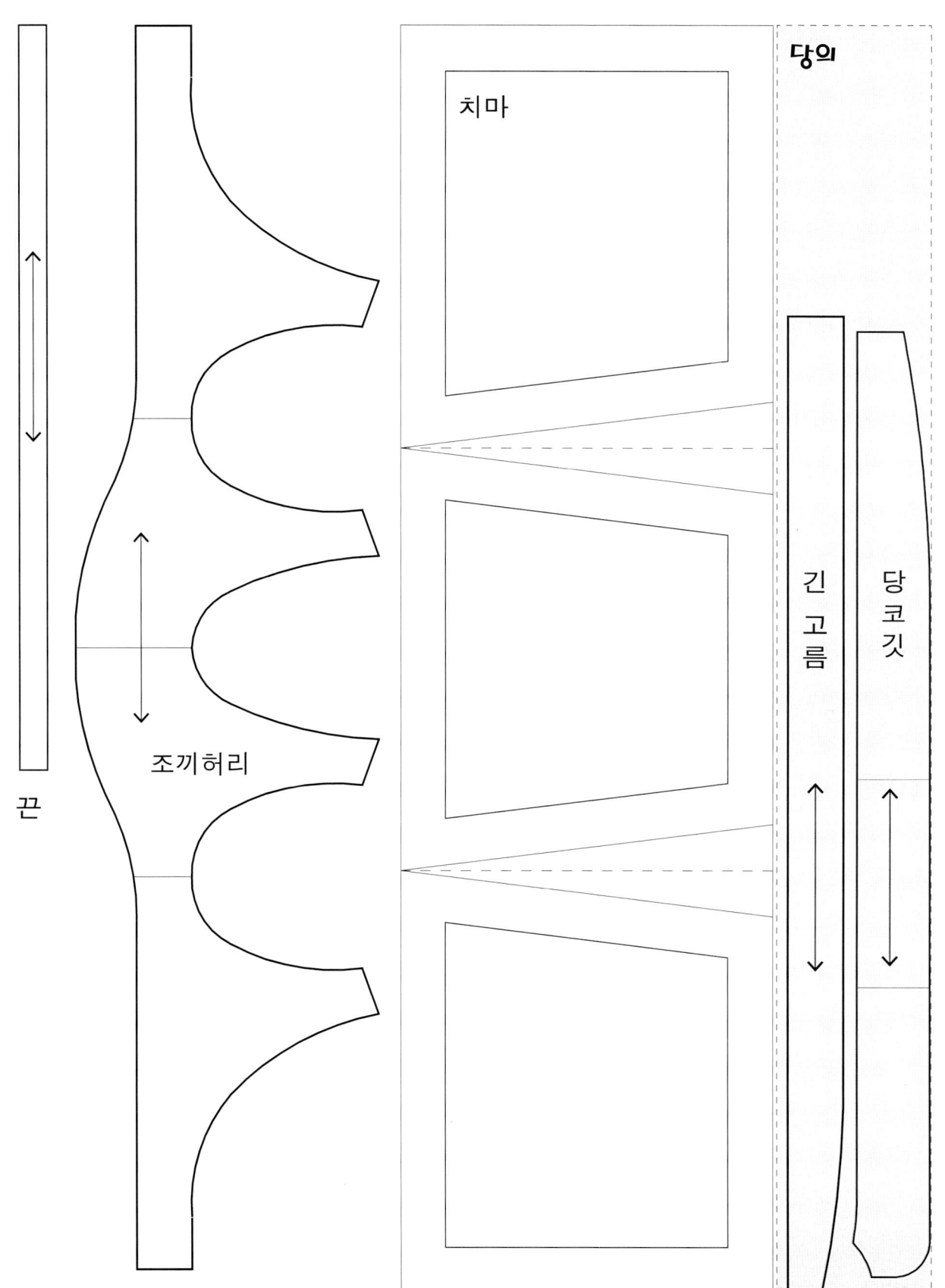

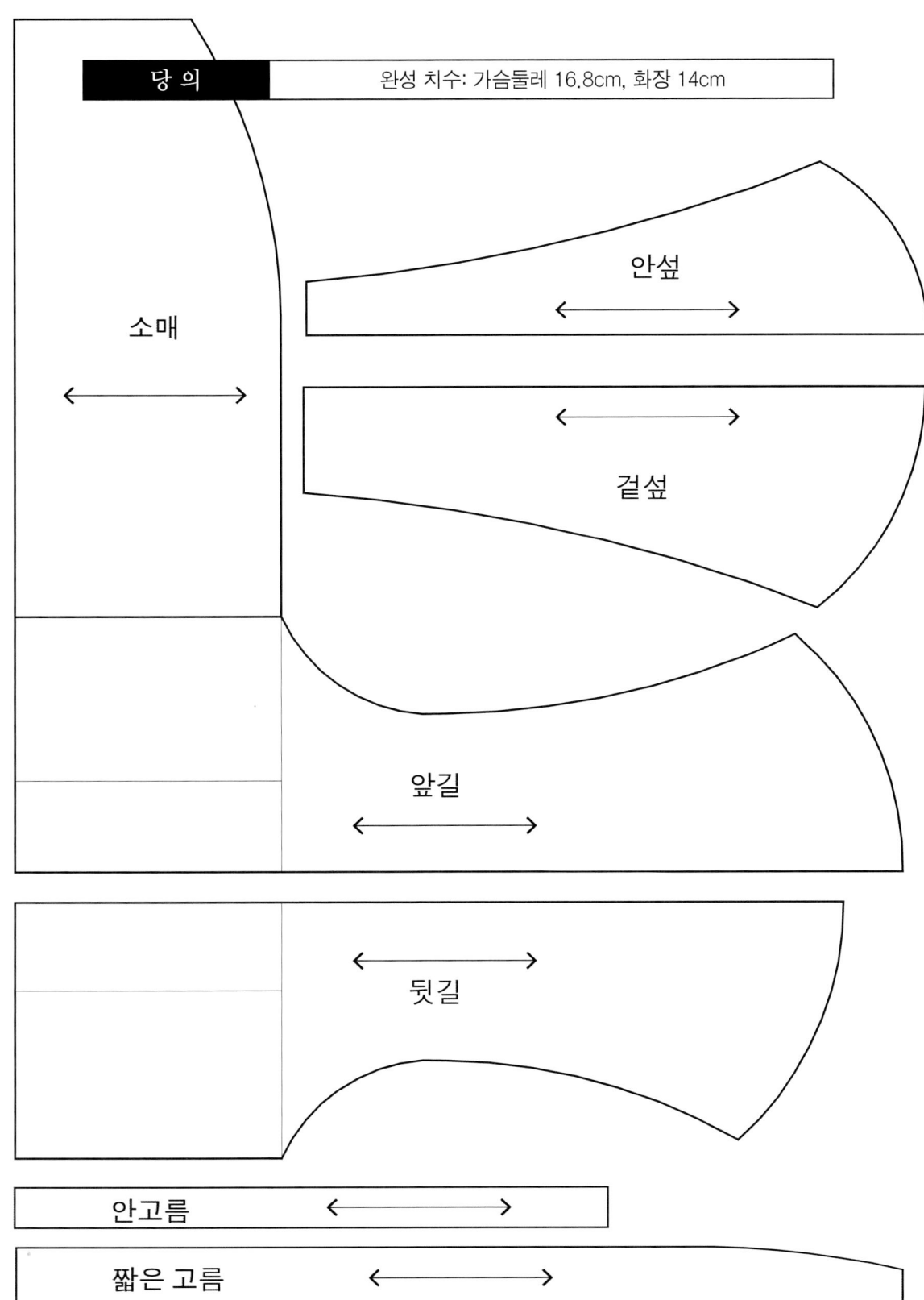

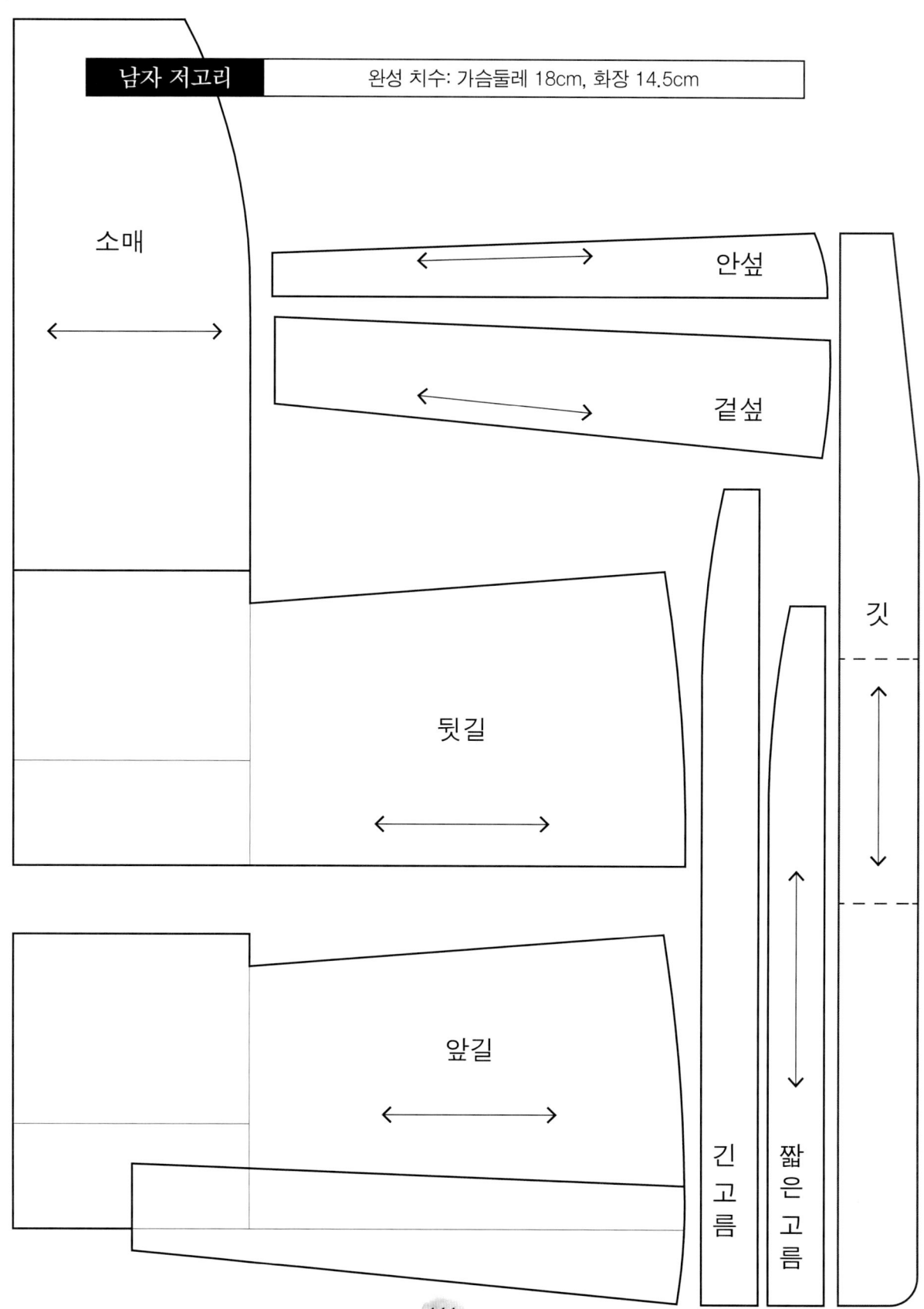

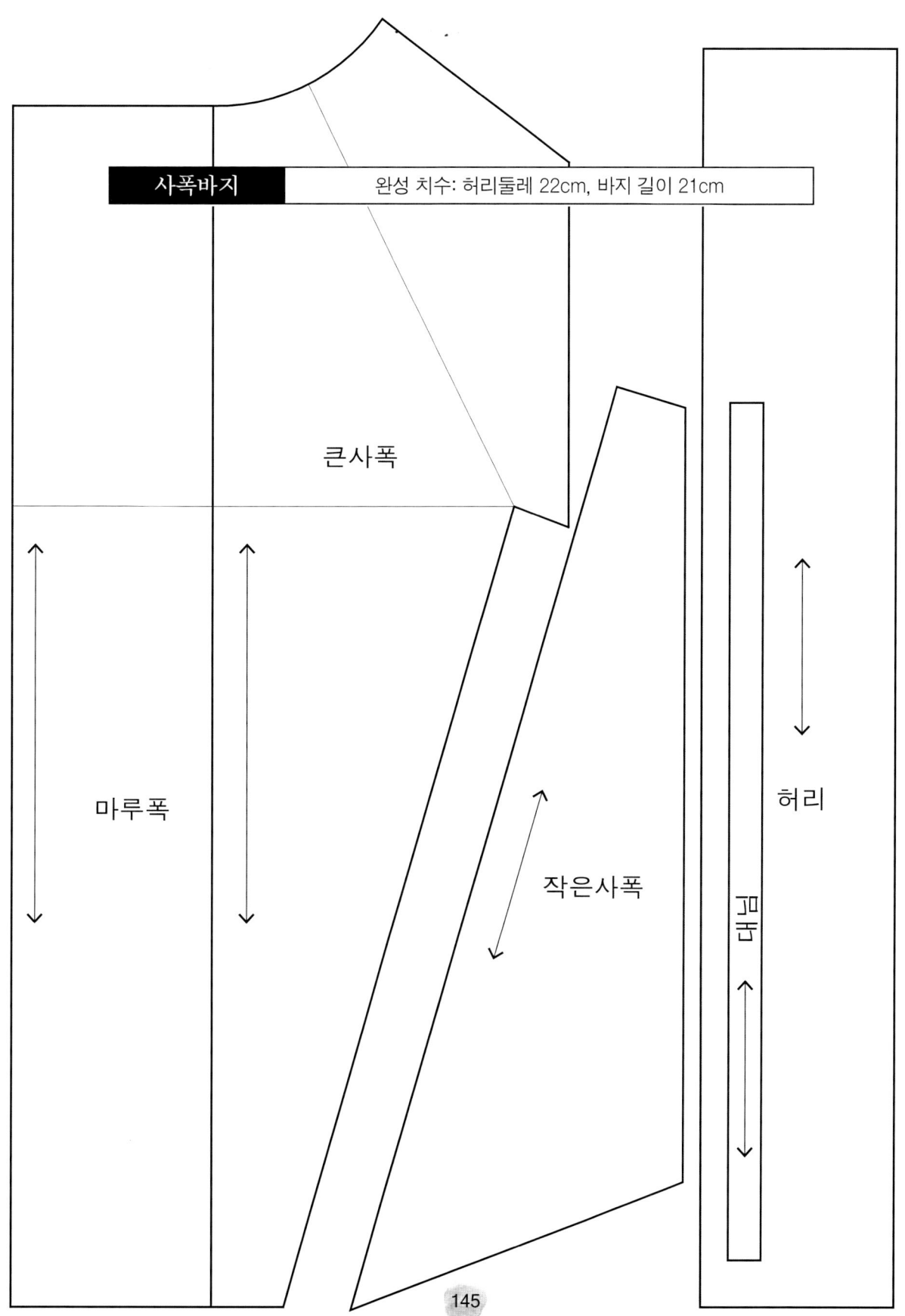

배자 완성 치수: 가슴둘레 19.2cm, 뒷길이 14cm

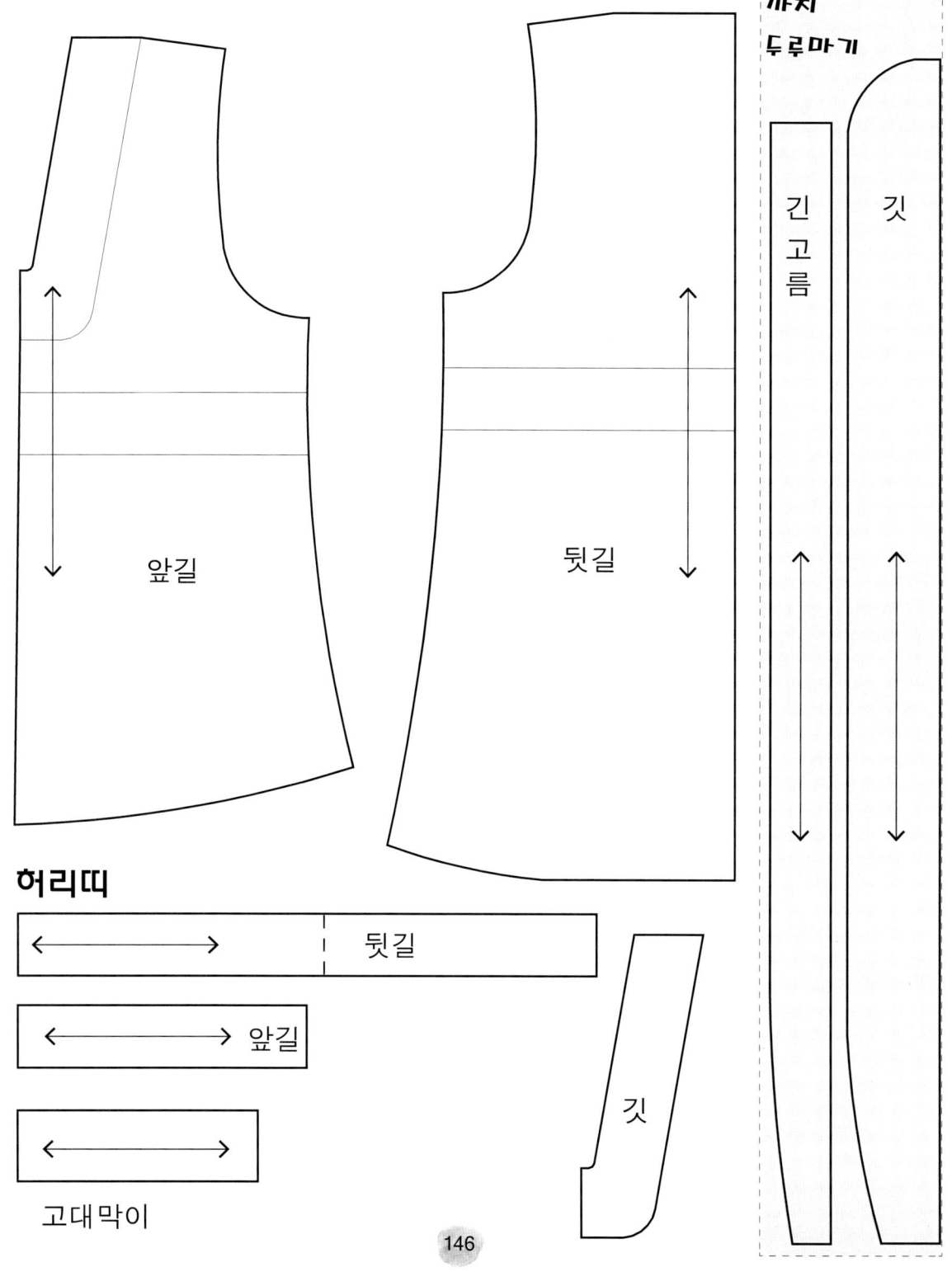

까치두루마기 완성 치수: 가슴둘레 19.2cm, 뒷길이 15cm

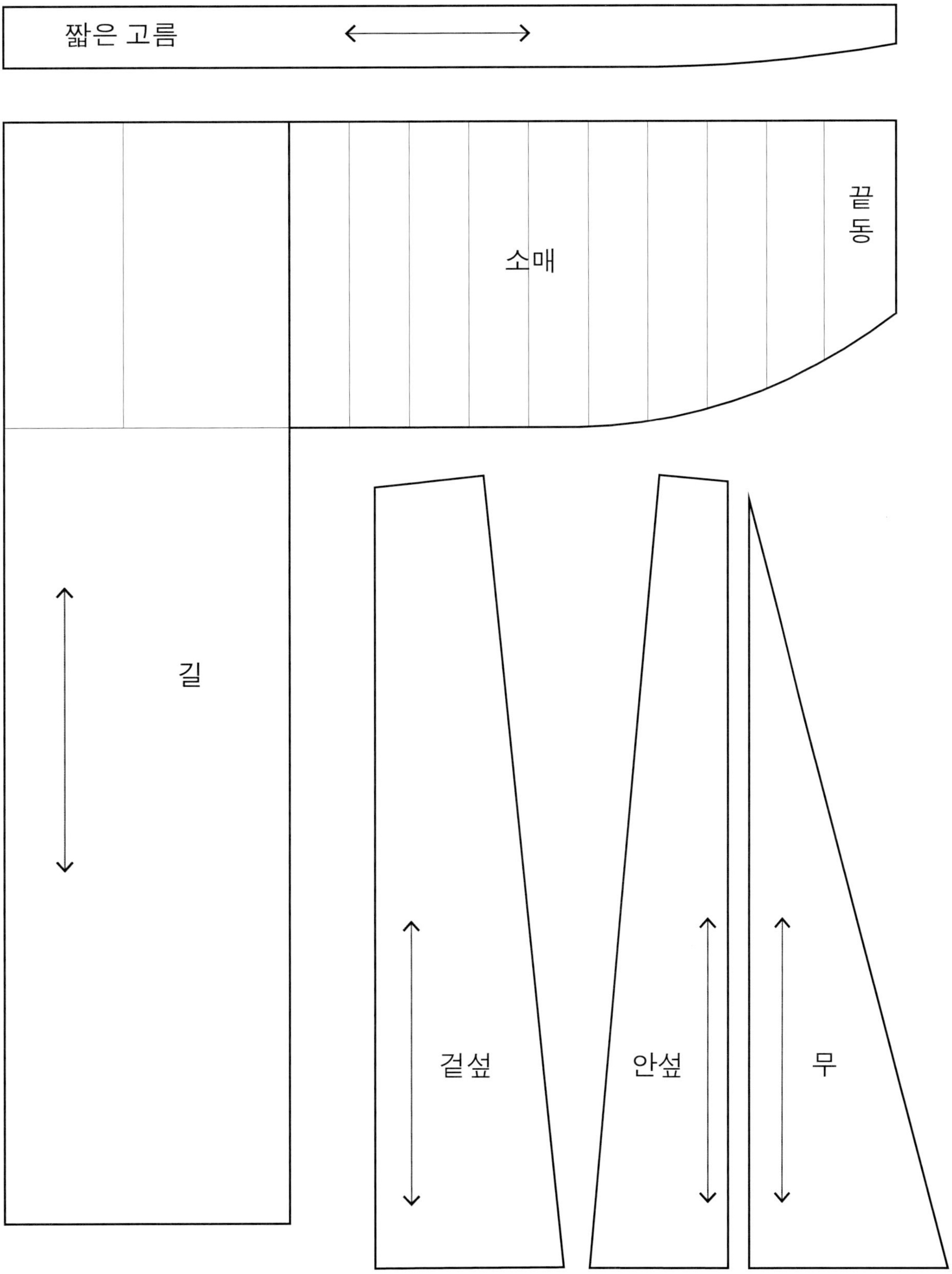

짧은 고름

소매

끝동

길

겉섶

안섶

무

| 무 없는 속바지 | 완성 치수: 허리둘레 16cm, 바지 길이 17cm |

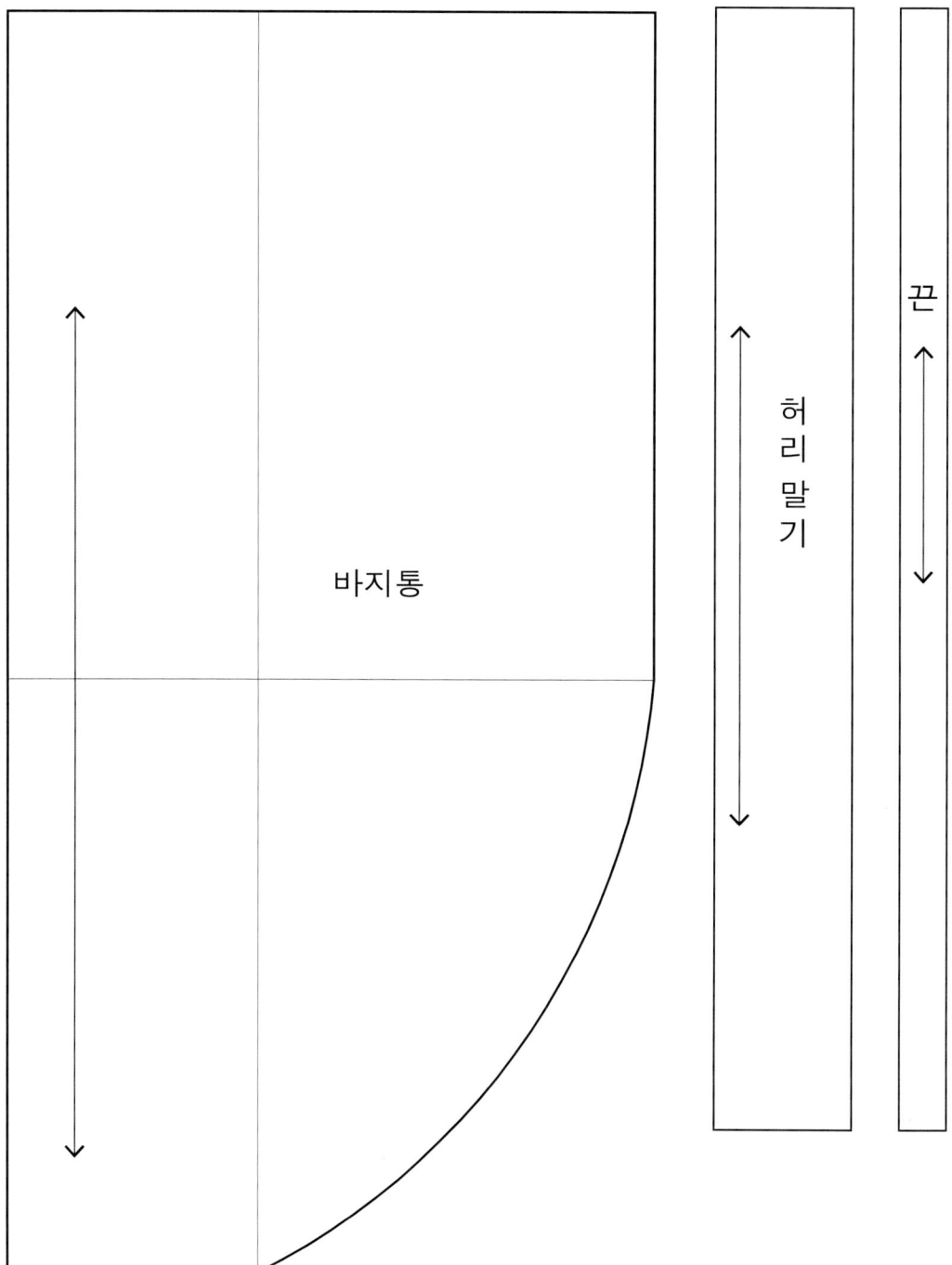

전 복

완성 치수: 가슴둘레 19.2cm, 뒷길이 18cm

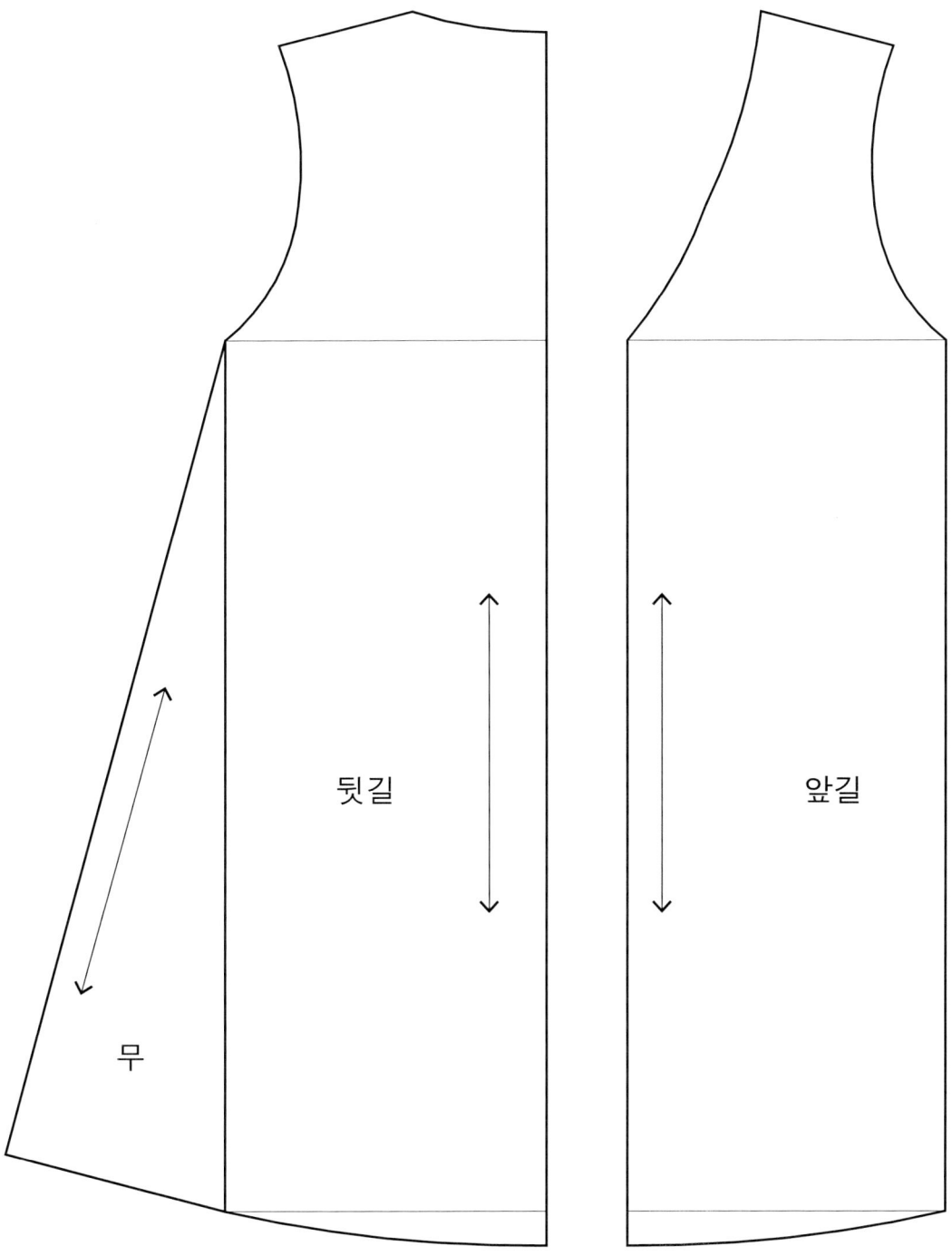

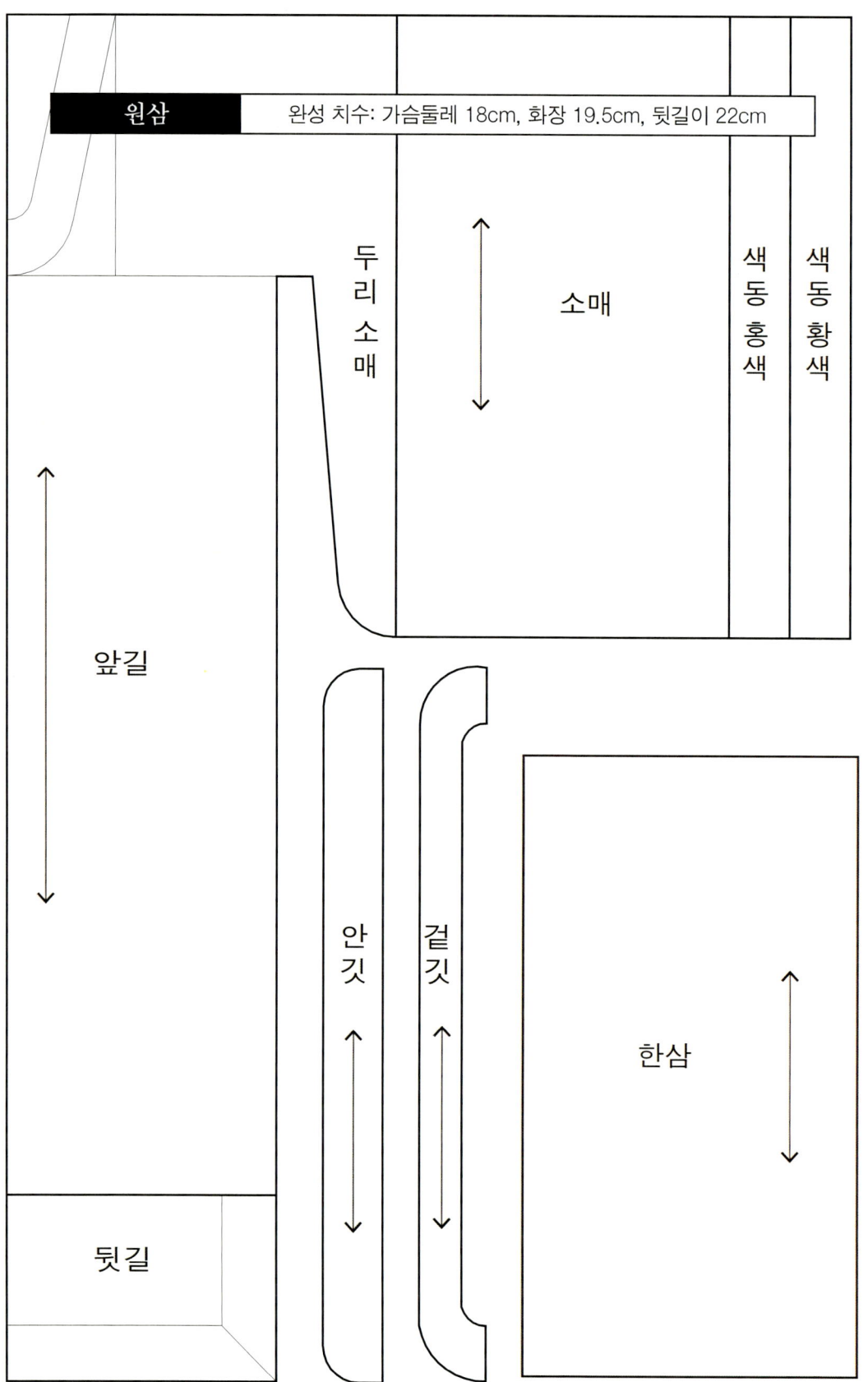

조바위, 복건, 버선, 댕기

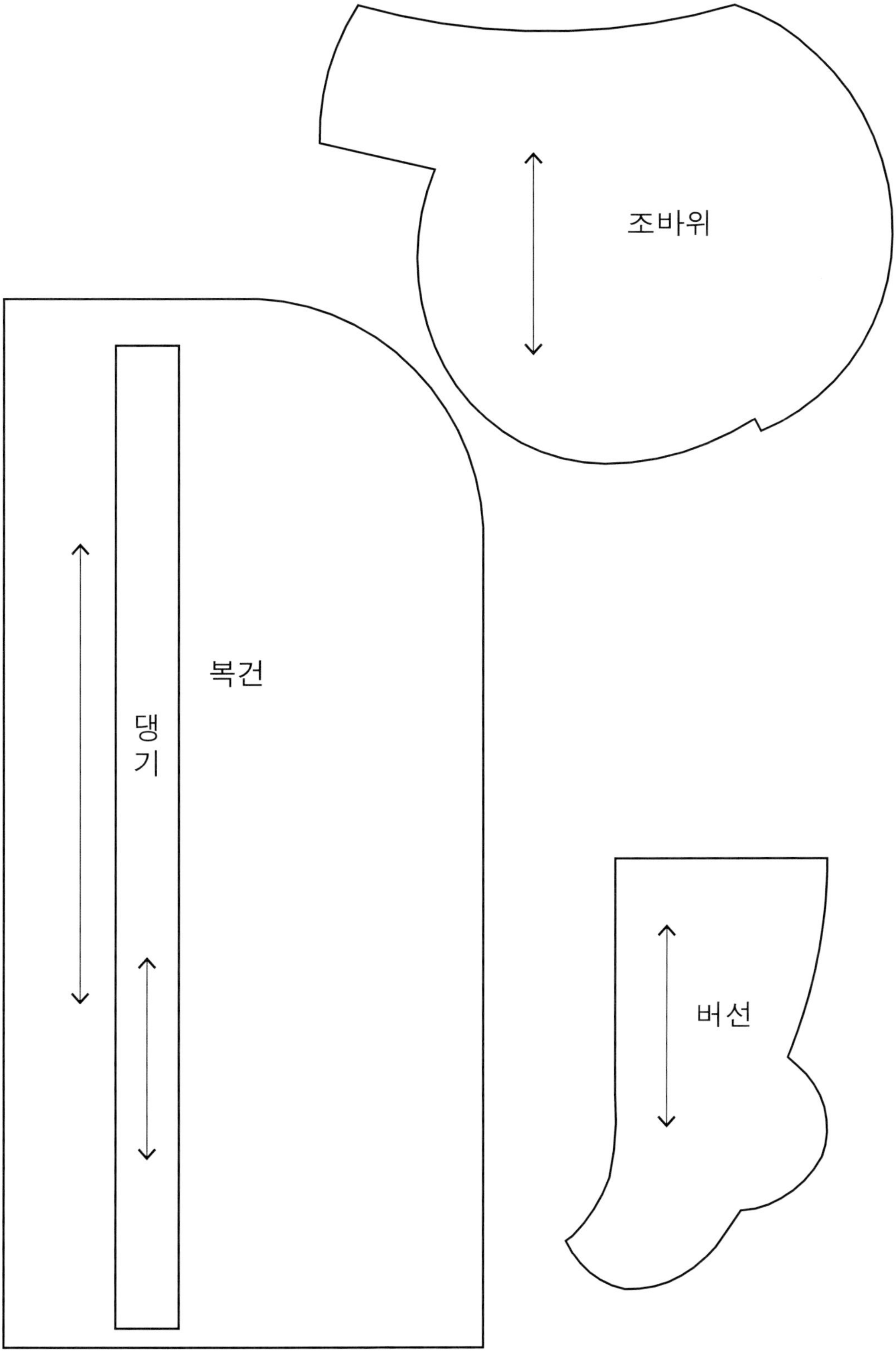

조바위

복건

댕기

버선

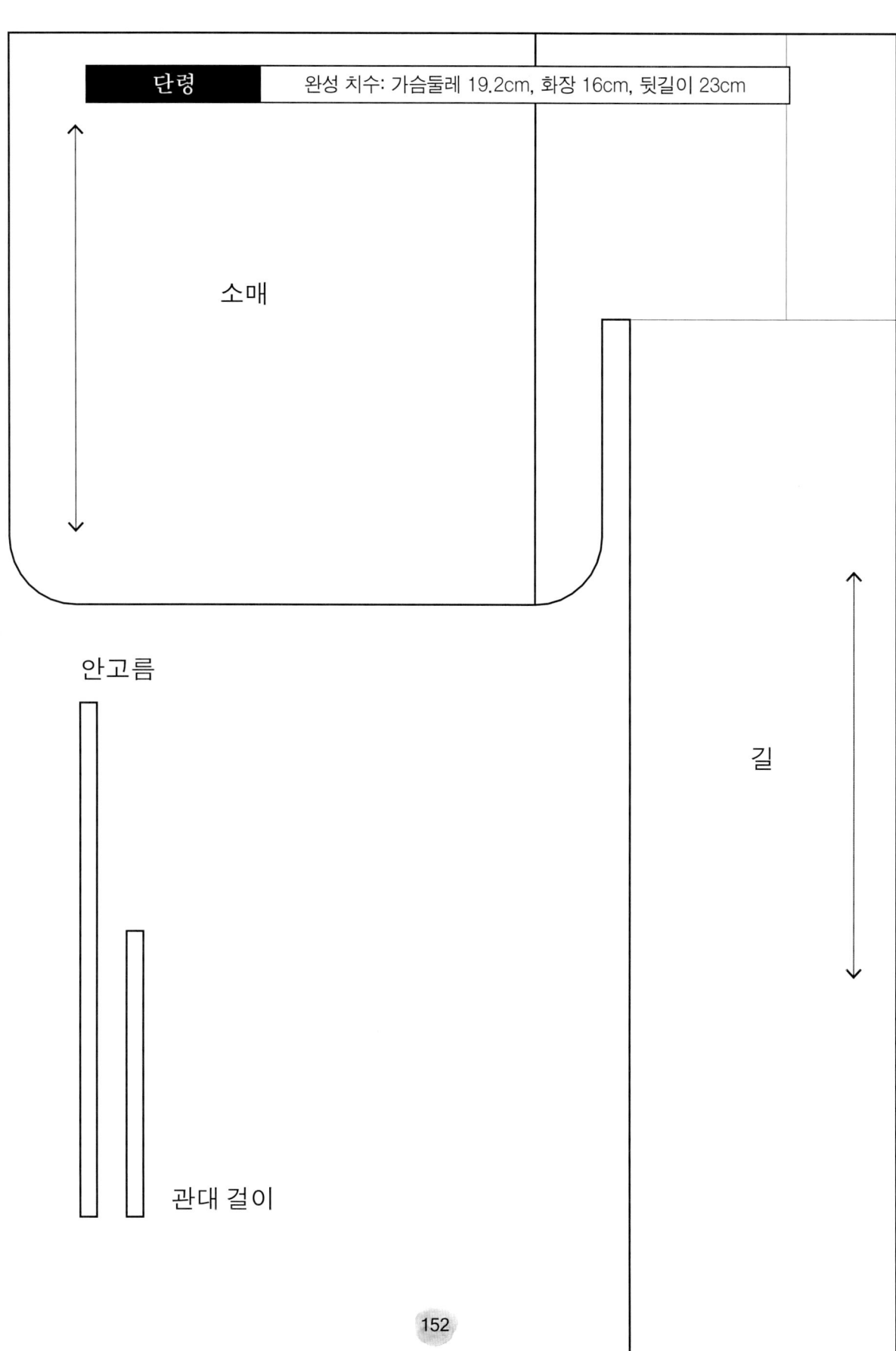

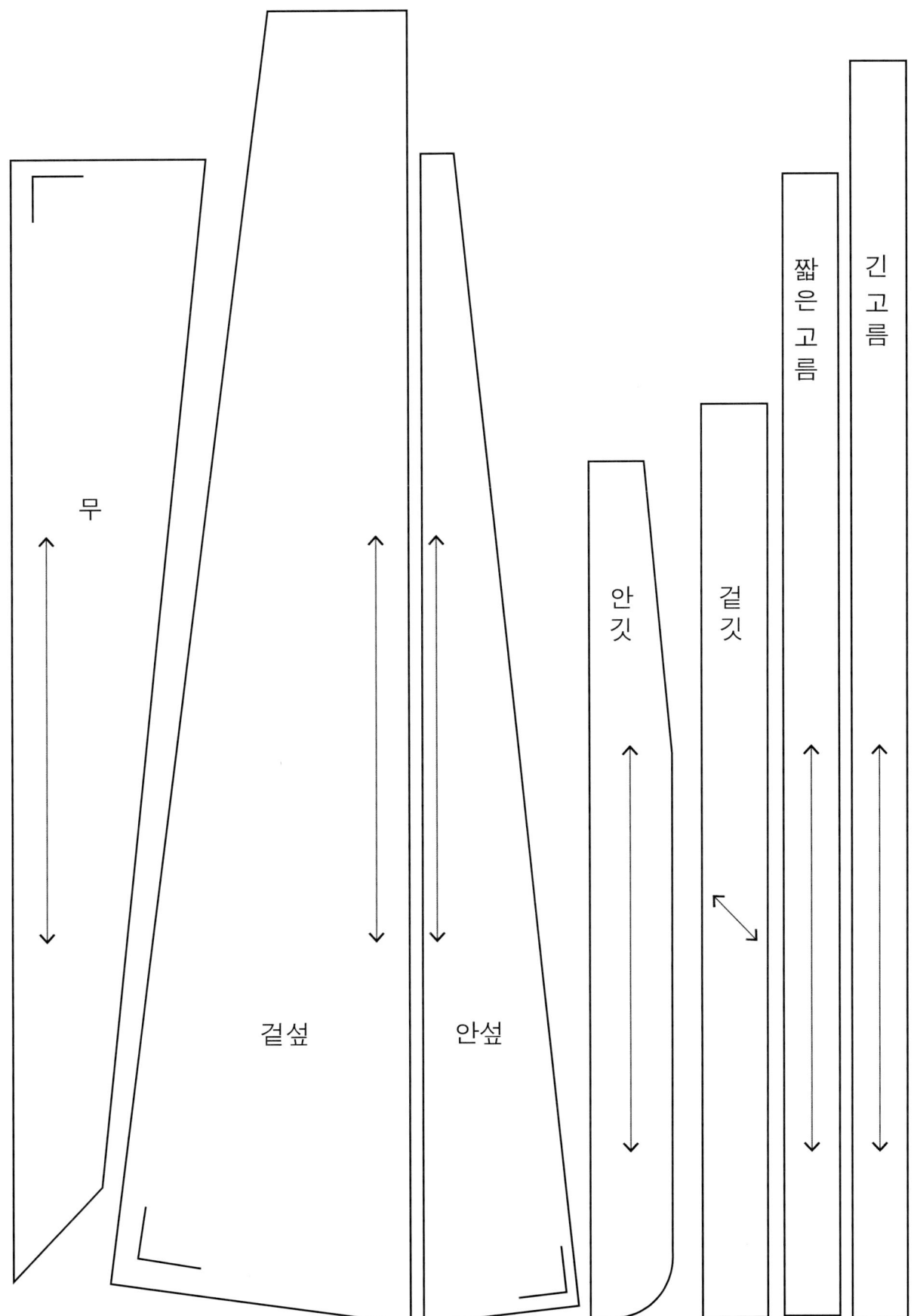

참고 자료

〈단행본〉
구혜자, 『한복 만들기(구혜자의 침선노트) 1권~3권』, 한국문화재보호재단, 2008.
안애영, 심해진, 『아름다운 우리 전통 한복 만들기(아름다운 우리 전통, 속옷편)』, 미진사, 2011.
유희경, 『한국복식사연구』, 이화여자대학교출판부, 2002.

〈인터넷 홈페이지〉
한국민족문화대백과사전 인터넷 홈페이지, encykorea.aks.ac.kr
국립고궁박물관 인터넷 홈페이지, www.gogung.go.kr

* 사진 촬영에 사용된 봉제 인형 도령과 아가씨는 '미니앤돌'의 DIY 키트로 제작된 것입니다.
* 베이비돌 포카혼터스와 어리연 이미경 선생님의 핸드메이드 인형이 모델이 되어 주었습니다.
* 베이비돌 한복은 이 책의 패턴과는 다른 패턴으로 제작되었습니다.
* 한복 만들기 DIY 패키지 구매와 수강 신청은 수애당의 카페(cafe.naver.com/momscraft)에서 하실 수 있습니다.

Special thanks to...

아직은 부족한 게 더 많은 수애당이
첫 번째 책을 준비하는 동안 참 많은 생각을 했습니다.
수애당의 열정으로 시작해, 많은 것들을
다 보여 주고 싶은 욕심으로 가득 차 있었지만
결국 모든 일을 혼자서는 할 수 없었습니다.
그래서 함께한 이들의 소중함을 더 느끼게 되었어요.

수애당은 손을 부지런히 움직여 무언가를
만들어 내는 것을 무척이나 좋아합니다.
그중에 특별히 미니어처 한복의 매력에 빠져
이렇게 책까지 쓰게 되었지요.

그 과정 하나하나 힘이 되어 주고, 응원해 주고,
격려해 주신 모든 분들께 감사드립니다.

바느질이 인연이 되어 수애당에게 늘 새로운 비전을 제시해 주고
작품 제작까지 도와준 어리연 이미경 선생님, 정말정말 고마워요.

사랑하는 나의 가족들,
바쁜 저를 대신해서 둘째 성윤이를 살뜰히 보살펴 주시는 시어머니,
주말마다 아이들과 놀아 주고, 격려해 주고, 응원해 주는 남편,
늘 바쁜 큰딸이 안쓰러워 걱정해 주시고, 멀리서 응원해 주시는 부모님,
무엇보다 엄마가 놀아 주지 못해도 늘 사랑한다고 얘기해 주는
딸 지윤이와 아들 성윤이
정말 사랑합니다.